EXPOSITION

Annuelle

des Produits de l'Industrie et des Arts,

INSTITUÉE PAR LA SOCIÉTÉ PHILOMATHIQUE DE BORDEAUX.

*Encouragement aux progrès de l'industrie
et des arts.*

A BORDEAUX,

HENRY FAYE, IMPRIMEUR DE LA SOCIÉTÉ PHILOMATHIQUE,

RUE DU CAMERNAN, N. 44, PRÈS LES FOSSÉS DE VILLE.

= **1828.** =

EXPOSITION
1828.

(Deuxième Année.)

Séance Publique

Du 22 Août 1828.

DISTRIBUTION

DES PRIX.

Bordeaux,

DE L'IMPRIMERIE DE HENRY FAYE FILS,
RUE DU CAHERNAN, N.° 44.

AVANT-PROPOS.

La seconde Exposition ouverte par la Société Philoma-thique de Bordeaux aux produits de l'industrie et des arts des départemens de la Gironde, de la Charente, de la Charente-Inférieure, de la Dordogne, de Lot-et-Garonne, et des Landes, a eu lieu au Waux-Hall, depuis le 5 Juin au 30 Juillet 1828.

Cette Exposition, plus nombreuse que celle de 1827, a été prolongée au-delà du terme primitivement prescrit. Une Auguste Visite (Madame Duchesse de Berry, à son passage à Bordeaux, a daigné en parcourir les salons) *a fait à la Société Philomathique un glorieux devoir de cette prolongation.*

Le 20 Mai furent nommés pour composer le Jury chargé de prononcer sur le mérite des objets exposés :

MM. LANCELIN, président de la Société, élève de l'école polytechnique, professeur d'hydrographie, et membre honoraire de la Société d'Emulation commerciale ;

LEUPOLD, membre de l'Académie des sciences, belles-lettres et arts de Bordeaux, membre honoraire de la Société d'Emulation commerciale, officier de l'Université, et professeur de physique et de mathématiques transcendantes au Collége royal ;

BILLAUDEL, ingénieur des ponts et chaussées, des ponts de Bordeaux et de Libourne, président de l'Académie des sciences, belles-lettres et arts de Bordeaux;

JOUANNET, membre de l'Académie royale des sciences,

belles-lettres et arts de Bordeaux, membre honoraire de la Société d'Emulation commerciale, etc. ;

GAULLIEUR-L'HARDY, propriétaire, membre honoraire de la Société d'Emulation commerciale ;

STEWART, ingénieur civil, membre de la Société d'Encouragement de Paris ;

BIGNON, élève de l'école polytechnique, capitaine-commandant d'Artillerie à Bordeaux ;

CORCELLE, architecte ;

ROCHÉ père, architecte ;

LATUS, ingénieur-constructeur ;

FIEFFÉ, négociant, président de la Société des Amis des Arts pour la peinture ;

Et L. MÉNIER, négociant, secrétaire-général de la Société d'Emulation commerciale, secrétaire du Jury, chargé de la rédaction du Rapport.

Le Jury a eu de nombreuses réunions pendant lesquelles ont été discutés les avantages que présentaient les objets exposés, leur mérite relatif, et la nature des récompenses qui devaient leur être décernées. Il est résulté de ce travail préparatoire la graduation ci-après des récompenses :

  1.° Médailles d'or ;

  2.° Rappel des médailles d'or décernées en 1827 ;

  3.° Médailles d'argent ;

  4.° Rappel des médailles d'argent décernées en 1827 ;

  5.° Mentions accordées aux produits qui ont concouru pour les médailles d'argent ;

  6.° Médailles de bronze ;

7.° Rappel des médailles de bronze décernées en
1827 ;

8.° Mentions honorables.

Le but de l'Exposition, l'époque de l'ouverture des salons, et les conditions du concours, ont été annoncés par des circulaires et des placards adressés, par les soins bienveillans et éclairés de M. le Baron D'HAUSSEZ, préfet de la Gironde, aux administrateurs des départemens admis à concourir, et à MM. les maires de celui qu'il administre. Toutes ces mesures n'ont produit que peu d'envois. Il paraît que le projet de la Société n'a pas été porté à la connaissance de tous ceux auxquels il pouvait être utile.

Discours

Prononcé par M.ʳ Costes,

Docteur-Médecin,

DANS LA SÉANCE DU 22 AOUT 1828.

Messieurs,

Il était permis sans doute à la Société Philomathique de Bordeaux de se livrer aux plus flatteuses espérances, lorsqu'elle avait vu avec quel empressement l'Industrie et les Arts avaient répondu à son premier appel. Aujourd'hui que ces espérances commencent à se réaliser, il nous est bien doux de venir le proclamer dans cette séance solennelle. Nous devons l'avouer, toutefois, le succès n'a pas répondu à toute notre attente; mais nous avons assez obtenu, pour être autorisés à annoncer que l'industrie commence autour de nous une carrière ascendante.

Que serait-ce encore, si, comme nous avons lieu de le penser, on nous avait dérobé en quelque sorte une partie de nos richesses ; si nous pouvions accuser quelques industriels d'avoir montré trop d'indifférence à nous faire parvenir le fruit de leurs travaux ?

Nous ne rechercherons pas les motifs de cette négligence, espérant que, mieux éclairés par leurs propres intérêts, excités par les récompenses et les éloges qui vont être décernés dans cette solennité au travail utile, au perfectionnement et jusqu'aux tentatives du mieux, tous les chefs d'établissemens, les manufacturiers et les ouvriers voudront rivaliser à l'avenir, et que nous aurons à signaler une émulation aussi noble que générale.

Il nous semblait qu'il suffisait d'avoir obtenu des récompenses, pour qu'on dût s'en montrer glorieux et s'en faire un nouveau titre pour reparaître dans la lice avec de nouveaux efforts. Aussi la Société Philomathique a-t-elle remarqué avec quelque regret que l'Exposition actuelle n'ait pas offert d'échantillons de toutes les fabriques qui eurent part à ses récompenses ou à ses éloges. En fesant connaître cette circonstance, elle se plaît à rendre hommage aux manufacturiers couronnés qui n'ont pas dédaigné de présenter des produits dont les analogues obtinrent des prix à sa première distribution, et qui, par là, se sont acquis de nouveaux droits à sa juste reconnaissance.

Heureuse d'avoir donné, dans cette contrée, la première idée d'une Exposition des produits de l'Industrie et des Arts, la Société Philomathique s'applaudit encore de pouvoir prouver en ce moment que, quelque légers que soient les progrès de l'industrie, elle marche néanmoins vers un perfectionnement toujours croissant : vérité que le rapport du Jury va bientôt appuyer par des exemples.

Quant à nous, nous allons essayer d'effleurer, en passant, une question bien intéressante, en disant quelques mots sur l'influence de l'industrie et des doctrines qu'elle a fait naître sur nos mœurs publiques et privées.

C'est une proposition déjà reçue comme un axiome, que les sciences seules peuvent faire faire de grands pas à l'industrie. De toutes parts, s'élèvent des preuves qui établissent le secours efficace et indispensable des principes qu'elles fournissent pour arriver à des résultats jusqu'alors inouïs et vainement attendus sans elles.

Il est une autre vérité, aussi utile, aussi importante que la précédente, et qu'il est consolant de trouver maintenant sans contradicteurs : c'est que les sciences ne peuvent fleurir qu'à l'abri d'une protection sans laquelle tout est stérile, une sage liberté.

Que d'heureuses conséquences découlent de ce principe fécond, appliqué plus spécialement à l'industrie ! On en voit naître la libre concurrence, l'affranchissement illimité du commerce, l'abolition des privilèges, des monopoles de toute espèce ; et avec le droit de faire valoir la moindre aptitude, la moindre capacité, on trouve la certitude d'occuper une place assignée au pouvoir de chacun dans l'immense échelle des conceptions humaines. Ce n'est qu'à ce titre, en effet, que l'industrie peut jouir de la vitalité et qu'elle peut espérer de grandir avec les siècles.

Mais si elle emprunte aux sciences ses ressources les plus fécondes, comme elles, ce n'est qu'à l'abri de la paix et de la liberté, qu'elle a le pouvoir de fleurir et de se développer, pour rendre à la Société entière, et avec une ample reconnaissance, les bienfaits qu'elle a puisés à ses sources diverses.

La libre concurrence indispensable au développement de l'industrie, amène à son tour, par ses besoins, la liberté de relation de ville à ville , de province à province , de nation à nation ; c'est donc une paix générale que réclame l'industrie. Cette vérité exigerait des développemens qui nous sont interdits : bornons-nous à énoncer qu'on ne peut concevoir de grands succès dans les arts industriels, qu'en facilitant la voie à tous ceux qui veulent la parcourir, et en leur montrant au bout de la carrière le noble prix de leurs travaux, la vente ou l'échange, auquel tout système prohibitif, sous quelque forme que ce soit, porte toujours, plus ou moins, une atteinte funeste.

Sans faire trop d'honneur à l'industrie, ne peut-on lui assigner une place parmi les causes de la régénération politique à laquelle nous participons? Ses besoins ne nous enseignent-ils pas que les nations n'ont qu'à gagner à des relations amicales ? Ne nous dit-elle pas qu'une prépondérance forcée n'est avantageuse pour personne, pas même pour ceux qui l'exercent ; que les discordes font naître des malheurs sans dédommagement ; qu'une vaine gloire et quelques dépouilles bien chétives ne sont rien, comparées aux fruits légitimes qu'un peuple peut tirer de sa production ?

L'industrie, par ses intérêts, réclame une égalité de droits : elle nous fait regarder tous les hommes comme nos frères ; elle imprime ce mouvement universel , qui tend à élever tous les peuples à la même hauteur ; enfin , elle publie à haute voix le besoin d'un affranchissement général. L'ignorance a pu seule attribuer aux entraves mises au commerce, à l'industrie, la prospérité croissante de l'Europe depuis trois siècles ; les publicistes éclairés savent qu'on en est redevable au développement de l'esprit humain et de l'industrie des peuples, qui ne sont que la civilisation dans le sens le plus étendu.

On ne peut rechercher l'influence de l'industrie, sans être

obligé aussitôt de s'occuper de celle des richesses dont elle est , sinon la seule , au moins une des plus fécondes sources. Mais je dépasserais encore mes limites, et je me contenterai de dire, à cet égard, que si l'industrie n'amenait que les richesses pour résultat, peut-être les sages la vanteraient-ils moins ; car cette sorte de puissance métallique , tout en favorisant la marche d'amélioration du siècle , projette en arrière une masse d'ombre qui s'épaissit toujours davantage, mais que dissipent invinciblement les flambeaux des sciences , sans lesquels l'industrie ne marcherait plus.

Les mœurs publiques gagnent donc sensiblement au développement de l'industrie, puisque celle-ci ne peut marcher vers son perfectionnement qu'appuyée sur les principes de la plus grande liberté publique pour une nation et de la plus grande tolérance de tous les peuples de la terre, les uns envers les autres. On obéit , en effet , aux ordres de l'industrie , en empruntant à ses voisins ce qu'ils possèdent de meilleur, et en se fesant un plaisir d'épancher ce qu'on sait de plus chez ses voisins moins avancés. La civilisation et la liberté forment aujourd'hui un cercle que parcourt l'esprit humain chez tous es peuples éclairés : on ne sait laquelle des deux le commence ou le finit. Heureuse la nation qui ne cherchera pas à entraver leur marche commune, en voulant s'opposer aux progrès de l'une d'elles!

Si l'industrie doit grandir par les communications amicales des peuples, et engendrer par là des vertus publiques , elle vit des relations d'individu à individu , et donne naissance à des vertus privées. Elle enseigne aux hommes à s'aimer mutuellement ; en leur montrant ce qu'ils ont à gagner à s'attacher les uns aux autres , elle est le ciment de la Société ; elle adoucit les mœurs en procurant l'aisance et le bonheur.

C'est de l'industrie qu'on voit naître l'amour de l'ordre, la pré-
voyance, l'économie, élémens nécessaires de l'indépendance,
garâns d'une saine liberté ; elle amène dans les mœurs, avec l'habitude du travail, non point l'obéissance aveugle, que la science
ne saurait commander, mais cette sage obéissance, résultat de
l'habitude de consulter son intérêt véritable, dans celui de sa famille.

On l'a dit tant de fois, un peuple insouciant et paresseux lan-
guit dans l'ignorance, et fomente, loin des lumières, les ger-
mes de tous les malheurs comme de tous les vices. L'histoire
des tems passés, ce qui se passe de nos jours et presque sous
nos yeux, le prouve assez évidemment ; mais l'homme pro-
ducteur, le peuple industriel n'a plus de tems pour l'indo-
lence, la frivolité et le vice ; toutes ses facultés se concentrent
et se dirigent vers des travaux d'où doivent résulter l'aisance
individuelle, la prospérité et la force générales. Qu'on voie
ces ateliers où l'ordre le plus sévère est la garantie des habi-
tudes les plus morales ; où le chef comme l'ouvrier ne sourient
qu'à des idées d'économie ; où la discipline la mieux entendue
promet, à l'un comme à l'autre, la plus douce des récompenses. Image des états prospères, cette industrielle monar-
chie vit des échanges continuels entre la protection et les con-
seils du chef et les productions de l'ouvrier, qui remontent à
leur source, après avoir tout alimenté sur leur passage.

L'économie est le résultat le plus sûr de l'esprit d'industrie,
comme une suite inévitable de la juste appréciation des efforts
que l'on est obligé de faire pour acquérir. On apprend à ne
dépenser jamais, avec trop de légèreté, le fruit d'un travail
assidu. Perfectionner son ouvrage, pour en avoir plus de valeur ; produire davantage, pour son bonheur et celui de sa
famille : voilà le but de l'ouvrier ; c'est là pour lui la seule, la

véritable source de la fortune et de la félicité ; peu aventureux, on ne le voit pas, méconnaissant ses vrais intérêts, s'en rapporter au caprice du sort et exposer le peu qu'il possède pour tenter d'acquérir des trésors hasardeux. Ce n'est pas l'industriel qui fait de ces tentatives toujours ruineuses, et qui ne sont une fois couronnées de succès que pour montrer un appât aux nombreuses victimes d'une ambitieuse crédulité. Les faits l'attestent ; le moraliste mathématicien l'a établi · les provinces les plus industrielles offrent le moins de joueurs de tout genre, et par suite, le moins de malheurs et de crimes. Ainsi, améliorant, à-la-fois, les mœurs publiques et privées, l'esprit d'industrie, après avoir peuplé les foyers domestiques d'hommes plus vertueux, nourrit, pour la société, des citoyens circonspects, amis des lois, parce qu'ils aiment le bonheur auquel elles conduisent et qu'ils ont appris à bien apprécier.

A voir l'enthousiasme, on peut presqu'employer cette expression, avec lequel on semble, en tout pays, élever aujourd'hui des autels à l'industrie, la philosophie nous fait penser qu'il faut bien que ce ne soit pas seulement pour satisfaire au vain caprice du luxe, ou à la mode ; car un entraînement aussi général signale, qu'on le veuille ou non, les progrès de la raison humaine. Que n'est-ce ici le lieu de développer cette importante vérité, que les biens physiques ne marchent pas seuls ou deviennent bientôt des maux, s'ils ne sont associés aux biens moraux ? Or, il est facile de le voir : l'industrie s'occupe tout entière de notre bonheur physique, et les doctrines qu'elle fait naître, concourent puissamment à notre bonheur moral. Encourager l'industrie, c'est donc tendre à éclairer l'esprit public ; c'est enseigner la sagesse, faire apprécier le bonheur de la paix ; c'est proclamer la tolérance ; c'est faire goûter la liberté.

La Société Philomathique comptera avec orgueil dans ses projets les plus heureux, celui où elle essaya d'éveiller la plus bienfaisante ambition, celle qui a pour but la prospérité générale, qui doit être encouragée par l'homme sage; la noble émulation de l'industriel, sans cesse occupé à fonder sa félicité particulière sur le plus de commodités et de jouissances qu'il procure à la vie humaine, et dont le grand problème a toujours été, comme il sera toujours, de la distribuer le plus facilement et au plus grand nombre possible.

J'aurais eu, MESSIEURS, beaucoup de raisons à faire valoir encore en faveur de l'industrie et des doctrines qu'elle a fait naître, si je n'avais pensé que ce n'est ici qu'une faible esquisse. Mais j'en ai dit assez, peut-être, pour rassurer même les plus timides, s'il en est encore qui croient que les progrès du luxe qui suit pas-à-pas l'industrie, puissent faire perdre quelque chose à la pureté des mœurs, et pour être fondé à conclure que le développement de l'industrie, qui ne peut s'opérer qu'à l'aide de lois sagement combinées, et ayant toujours pour base le plus grand bonheur du genre humain, a dû nécessairement, ou donner naissance à ce système de lois tolérantes et d'encouragement, ou en hâter du moins et en multiplier le développement et l'heureuse application.

Je m'arrête. Ce n'est pas devant une assemblée aussi éclairée qu'il est permis d'insister davantage pour établir des vérités si consolantes, mais si généralement accréditées.

Permettez, MESSIEURS, qu'avant de vous laisser entendre le rapport détaillé de nos richesses, je donne un aperçu général de l'Exposition de 1828.

Ce n'a pas été en vain que le Jury mit l'utilité au premier rang de distinction des produits exposés l'année dernière; on a observé, en effet, à cette Exposition, beaucoup moins d'objets futiles ou propres seulement à piquer la curiosité, et cela seul, MESSIEURS, est un grand pas vers le mieux.

Nous avons reçu, cette année, des produits de manufactures des départemens, non compris parmi ceux appelés à concourir. Le Jury en fait mention avec plaisir, et témoigne sa reconnaissance au zèle des fabricans, avec le regret toutefois que la Société Philomathique n'ait pu ouvrir accès à une concurrence d'autant plus avantageuse qu'elle est plus étendue.

Les principes qui guidèrent le Jury dans son jugement sur les objets exposés en 1827, étaient trop bien fondés pour que celui de cette année n'ait pas cru devoir les adopter. Aussi, comme alors, il a fait entrer en considération d'abord les circonstances locales, et a cru devoir favoriser en première ligne les établissemens industriels qui emploient les produis territoriaux. Il a dû encourager aussi ceux qui exploitent des matières premières fournies par l'étranger. Enfin, sans déduire de nouveau tous les motifs qui dictèrent les délibérations du Jury de 1827, les mêmes considérations ont présidé aux jugemens de cette année.

On vous avait annoncé l'an dernier, au rang des espérances de l'avenir, des Cours publics que la Société Philomathique devait offrir à l'émulation des directeurs des établissemens, des chefs d'ateliers, des simples ouvriers, pour leur donner les moyens d'acquérir les connaissances indispensables aux arts qu'ils professent, ou au genre d'industrie qu'ils exercent. Nous avons la satisfaction de vous apprendre aujourd'hui, que deux de ces Cours, les plus importans, ont été faits avec beaucoup de succès, et suivis avec grand intérêt. On doit des remercîmens et les plus justes éloges au zèle et au savoir des professeurs de Chimie et de Mécanique appliquée aux arts, dont les précieuses leçons, momentanément suspendues, ne peuvent manquer de porter leurs fruits. Nous espérons que des circonstances plus favorables nous permettront de leur associer cette année le Cours de Physique que la santé du professeur nous a empêché d'avoir pendant l'année classique qui vient de finir.

La Société Philomathique, redoublant de zèle et d'activité à mesure que ses efforts se couronnent de succès, n'a pas voulu se borner au rôle de conseiller ou de simple spectateur dans la lutte de l'industrie; elle a voulu elle-même descendre dans la carrière. Secondant les vues toujours bienfaisantes et fertiles de M. le baron d'HAUSSEZ, ce magistrat éminemment philanthrope, elle a voulu tenter de résoudre un problème qui intéresse à-la-fois l'agriculture et l'industrie, dont la solution devait être de la plus haute importance pour le bien du pays; et ce n'est pas sans un vif sentiment de satisfaction que nous vous annonçons le résultat avantageux de ses travaux. Grâce au zèle actif et éclairé d'une Commission prise parmi les membres de la Société, nous savons maintenant que le département de la Gironde possède une source nouvelle de richesses, qui peut être appelée à servir de dédommagement à celles qui tarissent. Aussi bien départi que les autres provinces méridionales de la France, déjà en possession de cette intéressante branche d'industrie, notre pays va nous fournir désormais une soie qui le disputera en qualité à ce que l'on connaît de mieux.

Plus accessible aux impressions que produisent les objets qui flattent les sens, qu'à celles dont il faut que le raisonnement fasse apprécier la valeur ou l'utilité, la population nombreuse qui, tous les jours, visitait nos salons, se portait, comme l'an dernier, avec plus d'intérêt et de curiosité dans ceux où étaient les objets relatifs aux beaux-arts. Nous aimons à rendre hommage à l'émulation qu'ont montrée les artistes et les amateurs; nous sommes heureux d'être justes en disant que leurs travaux, en même tems qu'ils ont été plus nombreux, ont montré, chez la plupart, des progrès très-sensibles; nous ne saurions taire, enfin, combien il a été agréable au Jury de peinture d'avoir à décerner à une femme sa première mention honorable.

Mais parmi les circonstances qui ont surtout fait briller l'Exposition de 1823, la plus heureuse sans doute, celle qui lui imprimera un souvenir durable, c'est l'honneur que nous a fait S. A. R. Madame, Duchesse de Berry, en daignant visiter dans le plus grand détail et avec le plus vif intérêt, nos modestes salons d'Exposition : amie éclairée des beaux-arts et de tous les genres de perfectionnement, S. A. R. s'en est montrée la généreuse protectrice ; et si elle a prouvé plus spéciale-ment sa satisfaction à l'école de peinture de Bordeaux, en fesant choix de quelques tableaux, combien n'eût-il pas été flatteur pour MM. les fabricans et les manufacturiers, d'entendre les marques nombreuses d'approbation que cette auguste Prin-cesse a décernées à certains objets, en montrant le tact le plus exquis! Que n'avons-nous tous les ans à offrir, à l'émulation, des récompenses aussi séduisantes que les paroles flatteuses qui sortent avec tant de grâce de la bouche de nos Princes !

RAPPORT

du jury

SUR L'EXPOSITION DE 1828.

Préliminaire,

Oɴ est aujourd'hui désabusé de l'erreur, que le peuple le plus riche est celui qui achète le moins. Le peuple le plus riche est celui qui produit et consomme le plus. Peu importe comment s'opère cette consommation : elle est utile dès qu'il se trouve des producteurs qui consentent à l'alimenter.

C'est encore une erreur vieillie, que la prétendue spécialité des productions manufacturières dans tels ou tels lieux. Si cette spécialité est vraie dans quelques circonstances agricoles, elle est à-peu-près chimérique pour les autres productions industrielles. Dans ce cas, la spécialité n'est que l'habitude acquise de faire. En déplaçant l'une, on déplace aussi l'autre.

Si, au premier coup-d'œil, la nature semble avoir destiné

le département de la Gironde à l'exploitation de l'une des principales branches de l'agriculture (la vigne), en y réfléchissant mieux, on sera aisément convaincu qu'il est possible d'y faire autre chose que du vin.

Déjà, l'année dernière, la remarque fut faite, que l'esprit public, parmi nous, avait fait de grands pas dans la carrière industrielle ; que le préjugé qui refusait à notre cité les facultés manufacturières, était moins accrédité et se dissipait chaque jour davantage ; que les bons esprits étaient frappés du tort irréparable qu'elle éprouverait si sa nombreuse et active population ne s'empressait de remplacer par une industrie convenablement appropriée, les sources de richesse qu'elle a jusqu'à-présent trouvées dans le commerce maritime, et qui tarissent l'une après l'autre.

Ces remarques, si importantes par elles-mêmes, le sont bien plus par les résultats qu'elles indiquent. Elles servent à démontrer que, quels que soient les atteintes qu'ait à supporter le commerce de Bordeaux, Bordeaux possède dans l'esprit et l'industrie de ses habitans les moyens de conserver sa prospérité. Il suffit, pour s'en convaincre, d'apprécier ses *forces productives*.

Les *forces productives* du département de la Gironde consistent nécessairement, comme celles des autres lieux, dans l'emploi des forces de l'homme, dans celui de celles des animaux, et dans l'emploi plus puissant des forces qu'offrent le vent, les eaux, et la vapeur de l'eau. La part que chacun de ces élémens prend dans la production générale, exactement fixée, fixe aussi la totalité des forces qu'elle emploie dans chaque lieu. Il ne s'agit plus alors que de déterminer le point le plus élevé de cette application, pour avoir la connaissance positive du plus grand développement de l'industrie. Jusqu'à ce que ce point soit atteint, elle doit se développer et y tendre avec plus ou moins de véhémence. Aussitôt qu'elle y est parvenue, elle décline pour se relever à une époque plus ou moins éloignée ; car tel est le cours des choses, croître ou décroître est leur histoire en deux mots.

La détermination positive des forces productives du département de la Gironde, dans l'état actuel de la statisque de ce département, est très-difficile à faire. Divers motifs s'y opposent. Le plus puissant se rencontre dans l'indifférence à-peu-près générale avec laquelle on accueille partout les recherches qui y tendent. L'appréciation qui suit n'est donc qu'approximative dans plusieurs de ses points : elle servira cependant à fixer les idées.

Superficie totale du département	1,082,552 hectares.
Population..	538,151 habitans.
Superficie pour 1,000 habitans..................	2,011 hectares.
Population par myriamètre......................	4,971 habitans.
Revenu territorial..................................	39,907,000 francs.
Par habitant......................	74 34
Par hectare (3 journaux)...	36 79

Impôts Directs.

Contribution foncière.........................	4,507,640 francs.
Personnelle......................	1,026,337
Portes et fenètres...............	500,529
Patentes........................	932,068
	6,966,574 francs.
Impôts pour 1,000 fr. de revenu..........	151 22
Par habitant (par téte),....	11 19
Vignobles...	137,000 hectares.
Vins...	3,325,586 hectolitres
Nombre d'hectolitres pour 1,000 habitans.....	6,181

4

Grains.

Froment.................................... 420,000 hectolitres.
Seigle et Méteil.......................... 350,000
Maïs...................................... 250,000
Orge...................................... 10,000
Légumes secs.............................. 120,000
Pommes de terre........................... 60,000
Avoine.................................... 50,000

Laines.

Mérinos................................... 10,000 kilog.
Métis..................................... 15,000
Indigènes................................. 475,000

Chevaux.

Chevaux, jumens et mulets................. 10,000.
Poulains au-dessous de 4 ans.............. 2,000.

Bêtes à cornes.

Taureaux.................................. 3,050.
Bœufs..................................... 50,000.
Vaches.................................... 28,000.

Industrie.

40 Raffineries de sucre.
15 Brûleries d'eau-de-vie.
10 ou 12 Bateaux à vapeur.
 5 Machines à vapeur pour les manufactures.
 5 Filatures de coton.
 1 Fabrique d'acides minéraux, eaux fortes et produits chimiques.
10 Corderies.
14 Imprimeries en caractères.
 3 Imprimeries en lithographie.
 4 Imprimeries en taille-douce.
 5 Imprimeries d'indiennes.
15 Chantiers de construction.
10 Ateliers de corroirie, mégisserie ou tannerie.

12 Fonderies de métaux, plus ou moins importantes.
2 Filatures de laine.
1 Fabrique de noir animal.
1 Fabrique de papiers peints.
2 Fabriques de tissus de laine.
4 Fabriques d'amadou.
4 Verreries.
5 Fabriques de faïence commune.
5 Brasseries.
15 Fabriques de chapeaux, plus ou moins importantes.

Commerce maritime annuel.

ENTRÉE A BORDEAUX.

814 Navires montés par 8,206 hommes, portant.... 113,611 ton.
2677 — caboteurs — par 1,952 hommes, portant.... 124,247
                                                  ____
                                                  237,858 ton.

SORTIE DE BORDEAUX.

819 Navires montés par 9,358 hommes, portant.... 127,811 ton.
2577 — caboteurs — par 8,510 hommes, portant.... 98,584
                                                  ____
                                                  226,395 ton.

(*Extrait du* Tableau général du Commerce de la France avec
ses colonies et les puissances étrangères pendant 1826.
Publié par l'Administration des Douanes).

Bordeaux, naissant à peine à l'industrie, avec des forces
immenses et un sol à-peu-près vierge, est donc, sous ce rapport, riche de tout son avenir. Cette vérité est incontestable,
quels que soient les préjugés que l'on cherche à lui opposer.
Qui, en effet, oserait soutenir que l'introduction, dans le
département, des diverses branches de l'industrie, ne serait
point utile au pays, et n'accroîtrait pas sa richesse? En
admettant que le plus grand nombre ne puisse y prospérer,

il est toujours avantageux de tenter l'introduction. Les plantes des climats lointains n'embelliraient pas nos campagnes, si des mains généreuses ne les y avaient acclimatées, quoique d'abord incertaines du succès.

Concourir à ce dernier résultat est l'espoir de la Société Philomathique ; y parvenir, le plus ardent de ses vœux. Sa tâche est difficile, sans doute ; mille obstacle entravent sa marche ; et son succès, si elle en obtient un, sera tout entier dans sa persévérance : elle n'en manquera pas. Disposée à faire tous les sacrifices que lui impose son institution, elle n'exige, pour récompense de ses efforts, que la coopération active des diverses classes d'industriels, auxquels elle les consacre ; mais, elle doit l'avouer, leur indifférence est, jusqu'à-présent, le plus grand obstacle qu'elle ait rencontré.

Cependant, plusieurs améliorations ont eu lieu depuis la clôture de la première Exposition. Quelques établissemens nouveaux, dont les produits ont été présentés à celle de cette année, se sont formés, et promettent, pour l'avenir, de grands résultats. Le Jury se trouve heureux d'avoir à constater ces faits. Que l'on ne pense pas que, se fesant illusion sur l'importance actuelle de ces améliorations, et sur les avantages immédiats qu'en doit retirer la cité, il y voie plus qu'il ne doit y voir. Il sait trop qu'une lente expérience est nécessaire pour amener des modifications dans les goûts, dans la satisfaction des divers besoins ; qu'avancés, ainsi que nous le sommes, dans une haute civilisation, ce n'est que dans la perfection des produits que se trouve l'espérance d'en provoquer la consommation.

La seconde Exposition a paru, en général, dans la partie industrielle, inférieure à celle de l'année dernière. Ce n'est qu'une apparence ; le Jury a, au contraire, reconnu, avec satisfaction, qu'elle était plus nombreuse et plus intéressante par la variété des produits. L'apparence d'infériorité doit être attribuée au moins de volume de la plupart des objets exposés, au degré d'utilité qu'ils présentaient.

Néanmoins, le Jury croit devoir déclarer que l'Exposition de 1828 a été au-dessous de l'attente qu'en en avait conçue la Société Philomathique ; attente si bien motivée par l'Exposition de 1827, et que les richesses industrielles des départemens admis au concours permettraient aisément de décupler.

Plusieurs causes concourent simultanément à la difficulté de donner aux Expositions départementales toute l'importance qu'elles devraient avoir : les principales, celles du moins sur lesquelles le Jury croit devoir appeler l'attention du public éclairé, se trouvent :

1.º Dans l'idée, généralement répandue parmi les industriels, qu'aux Expositions ne doivent figurer que des inventions nouvelles ou des perfectionnemens de la plus grande importance ;

2.º Dans le prix et la législation sur les brevets d'invention.

La réponse à la première observation, quant à la Société Philomathique, est tout entière dans l'art. 5 de son arrêté du 22 Août 1826 : « *La Société Philomathique*, y est-il dit, « *fonde des prix annuels, qui seront décernés à l'invention*, « *au perfectionnement et à l'utilité* ». Elle ne prescrit donc aucune limite, ne pose aucune borne en-deçà ou au-delà de laquelle on ne puisse se placer.

L'examen de la seconde n'est pas du ressort du Jury. Cependant, il se permettra d'émettre les considérations suivantes :

Les brevets d'invention doivent être considérés, plus par rapport aux inventeurs que par rapport aux inventions elles-mêmes. Ils sont tout dans l'intérêt des premiers, pour leur assurer les avantages qui peuvent exister dans les secondes. Les conditions de leur délivance sont, dans bien des cas, une véritable entrave au développement des moyens de production. En rendant celle-ci moins dispendieuse et plus facile, le Jury pense que la législation ferait beaucoup pour l'industrie; et que, loin de craindre la publicité des Expositions, tous les industriels les rechercheraient avec empressement. Pour ne parler que du prix des brevets, l'inventeur, qui a intérêt d'en réclamer un, peut se trouver dans l'un de ces trois cas :

1.° Son invention peut ne pas présenter l'importance qu'il y trouve, ou du moins cette importance peut ne pas être assez promptement appréciée, pour le dédommager des frais de son brevet;

2.° Si l'invention est réellement importante, il n'est pas assez riche pour faire l'avance de frais du brevet, et il attend, pour le demander, un tems plus prospère : jusque-là, la Société est privée des avantages qu'elle présente, si même elle en jouit jamais;

3.° Enfin, et c'est le cas le plus ordinaire, l'invention n'a pas encore la perfection nécessaire. Ce n'est peut-être qu'un premier pas vers une découverte, qu'un premier essai qui promet de grands résultats. En l'exposant, un autre peut s'en emparer, puisque, sans un brevet, rien n'en garantit la propriété à son auteur; et, cependant, une observation, la critique même d'un indifférent, pourrait le plus souvent détruire l'espérance de la réussite ou hâter le succès.

Le Jury a cru nécessaire d'exprimer ces considérations : elles lui paraissent dignes de l'attention des hommes éclairés et des amis de l'industrie.

Comme l'année dernière, le Jury a divisé son travail en trois sections, dans lesquelles tous les objets soumis à son examen ont été classés :

1.° Application de la mécanique à l'industrie ;
2.° Application de la Chimie à l'industrie ;
3.° Beaux-Arts.

SECTION PREMIÈRE.

Application de la Mécanique à l'Industrie.

ARTICLE PREMIER.

LAINAGES.

AMÉLIORATIONS DES LAINES.

500,000 kilog. de laines diverses sont récoltés dans le département de la Gironde. Parmi ces laines, il en est quelques-unes dont le degré de finessse est remarquable. Leur amélioration successive, dans les landes du département, est très-prompte puisque, en dix années, le croisement des races mérinos et indigènes a produit une laine presque aussi fine que celle des premiers sujets mérinos employés. Ce résultat ne laisse donc aucun doute sur la possibilité d'obtenir chez nous, et en peu d'années, une laine supérieure en qualité, et propre à alimenter les fabrications de toute espèce qui pourront se former : des soins mieux entendus, donnés à l'éducation des troupeaux, le feront aisément atteindre.

Les échantillons de laine mis à l'Exposition, par M. de Montesquieu, provenant de son château de La Brède, laissent peu à désirer. Le Jury, après avoir examiné ces échantillons, a trouvé dans les laines qui les composent, une amélioration progressive, peu sensible dans les premières années, mais très-grande dans les dernières, une élasticité et un soyeux qu'aucune laine du département n'avait encore offert. Voici quelques détails sur le troupeau qui les a produites :

En 1817, le troupeau se composait de.... 80 brebis,

Béliers mérinos, pure race léonaise....... 3

TOTAL........... 83 têtes.

En 1828, il se compose de........ 900 têtes de bétail.

Mortalité ou réformes pour cause

de vieillesse..................... 800

Agneaux vendus pour la bouche-

rie................................ 1,000   2,700 têtes.

TROUPEAU primitif............. 83

Production en douze années.......... 2,617 têtes.

Voici la vente des laines produites par le troupeau de M. de Montesquieu pendant douze années. Il est à regretter que la note des quantités produites n'ait pas été communiquée au Jury :

1817 à 1820. Laine indigène...... 100 fr. les 100 kilog.
1821.   Laine métis....... 120   //
1822........................... 140   //
1823........................... 160   //
1824.   Laine fine........ 230   //
1825........................... 240   //
1826........................... 220   //
1827........................... 230   //
1828........................... 230   //

LAINE FILÉE.

Depuis l'année dernière, une filature de laine s'est formée à Bordeaux, par les soins de M. J. Mayor. Cette filature ne doit employer et n'emploie, en effet, que les laines récoltées dans le département. Ainsi, les produits indigènes commencent à subir, sur le lieu même qui les a vus naître, une préparation qui les approprie de suite aux besoins de la consommation. Cette filature, qui ne travaille qu'à la façon, est en activité depuis six mois.

Les fils obtenus par M. Mayor sont bons et économiques. Par son procédé de filature, il diminue considérablement le déchet qu'entraîne le cardage de la laine. C'est avec un véritable intérêt que le Jury a examiné ses produits.

L'établissement de M. Mayor est situé sur le chemin du Sablonat, près la porte Saint-Julien. Les machines qu'il emploie actuellement sont étrangères et viennent de la Suisse. Elles consistent en trois cardeuses, deux métiers à filer la laine, deux métiers à tordre la laine ou le coton, et une machine à nettoyer la laine (un loup). Le tout mis en œuvre par un manège que fait mouvoir un cheval.

Il occupe quinze personnes dont quatre fileurs, quatre femmes, quatre enfans, un tisserand, un palefrenier et un mécanicien. Le dernier seul est étranger.

Sous tous les rapports, l'établissement de M. Mayor est d'une grande utilité. C'est une preuve nouvelle à ajouter à toutes celles déjà acquises, sur la possibilité de naturaliser l'industrie manufacturière dans le département de la Gironde.

ÉTOFFES DRAPÉES.

MM. H. Chatelanat et comp., fabricans de couvertures,

furent les seuls qui, à la première Exposition, présentèrent leurs produits. Deux autres manufacturiers les ont imités à celle de cette année : ce sont M. Mayor, déjà cité dans ce Rapport, et M. Bonnore, de Lesparre.

Les pièces de tissus présentées par M. Mayor, ne sont qu'un essai destiné à l'usage de la classe ouvrière et à celui du peuple des campagnes. Les pièces exposées sont à chaîne de coton et trame en laine : elles présentent une grande solidité et un tissage bien entendu.

M. Bonnore a exposé des *flanelles à deux bleus de Limoges*. Depuis plusieurs années, ce fabricant a formé à Lesparre, dans le Médoc, une manufacture de ces lainages. Employant les laines du pays à sa fabrication, il est parvenu, jusqu'à un certain point, à naturaliser cette industrie dans le lieu qu'il habite. Par ses louables efforts, il consomme, sur place, une partie des laines qui, avant lui, étaient expédiées en totalité pour Limoges, destinées à la même fabrication, d'où elles revenaient ouvrées, pour être mises en consommation.

Les pièces de ce fabricant, que le Jury a examinées, offrent un tissu très-bien traité et qui soutient la concurrence avec ceux du même genre confectionnés à Limoges.

L'établissement de M. Chatelanat, qui obtint l'année dernière la première médaille d'or, s'est mis cette année hors du concours. Cet établissement, par de nouveaux perfectionnemens, s'est acquis de nouveaux droits aux éloges du Jury et à la confiance des consommateurs : les couvertures en laine de diverses qualité qu'il a exposées, présentent un très-bon choix des laines, beaucoup de moelleux et d'égalité dans les tissus. Il est recommandable sous tous les rapports.

ARTICLE DEUXIÈME.

CHANVRES ET LINS.

LINS FILÉS.

MM. Chignac et comp., de Sainte-Foy, ont exposé plusieurs échantillons de fil de lin, filé au moyen d'un système de machines imaginé et exécuté par M. Chignac. Déjà, l'année dernière, des fils semblables furent présentés à l'Exposition; mais, arrivés trop tard, le Jury ne put les admettre au concours. Cependant, il reconnut, dès-lors, la perfection et la bonne qualité de ces fils.

Les produits de cette filature peuvent s'employer pour fils à tisser, fils à coudre et fils à bas. Jusqu'à-présent, les deux dernières qualités paraissent préférées par les consommateurs.

L'invention de M. Chignac présente de grands avantages sous tous les rapports pour le département de la Gironde, dans lequel elle doit puissamment contribuer à établir une branche d'industrie à-peu-près nouvelle en France. L'agriculture, l'industrie et le commerce y gagneront tous : l'une en produisant la matière première, l'autre en l'appropriant aux divers usages qui en assurent l'emploi, et le dernier en distribuant le tout dans la société.

Le jeu des machines de M. Chignac, se compose :

1.º D'une machine à préparer le lin;

2.º De deux machines à laminer le lin;

3.º De cinq fileuses de 36 broches chacune;

4.º De deux tordeuses de 60 broches chacune;

5.º De deux tables avec leurs dévidoirs pour faire les écheveaux.

Un jeu ainsi composé coûte moins de 10,000 francs.

Chaque jeu peut être mis en mouvement par la force d'un cheval. Cependant un seul cheval ne serait pas suffisant pour un jeu, tandis qu'une machine à vapeur de la force de cinq chevaux serait plus que suffisante pour en faire mouvoir cinq. Un jeu emploie dix-sept personnes :

1.º Un enfant de 13 ans, pour la machine à préparer;

2.º Deux enfans de 8 ans, pour les laminoirs;

3.º Cinq enfans de 8 ans, pour les machines à filer;

4.º Cinq femmes, pour tordre et faire les écheveaux;

5.º Trois enfans de 6 ans, pour aider les tordeuses;

6.º Un serrurier.

Chaque jeu de machine produit par douze heures de travail:

Trente livres de fil ...... N.º	8	
ou vingt livres de fil.........	12	*Ces N.ᵒˢ expriment le nombre*
ou douze livres de fil........	18	*d'écheveaux de 742 mètres de*
ou dix livres de fil..........	24	*longueur , des fils à tisser, four-*
ou huit livres et demie.....	30	*nis par chaque livre de lin.*

Le lin employé est plus fin à mesure que le numéro du fil s'élève. Le prix de la façon est toujours de 5 centimes par écheveau, quelle que soit la finesse. L'accroissement des prix du fil n'est que la différence qui se trouve dans le prix de la matière mise en œuvre.

Une observation importante et sur laquelle le Jury insiste plus particulièrement, c'est que par son procédé M. Chignac ne fait subir au lin qu'il reçoit du commerce aucun peignage préparatoire; il le soumet à ses machines, et l'en retire tout filé.

La toile façon *crétonne* qu'il fait fabriquer avec le fil n.º 12, est remarquable par sa force et son égalité. Le prix en est inférieur à celui des toiles de même qualité fabriquées en France.

C'est avec un vif intérêt que le Jury a examiné les produits de MM. Chignac et comp. Il se plaît à leur en exprimer ici toute sa satisfaction. Il se plaît aussi à déclarer que, soit dans les auteurs, soit par les renseignemens qu'il a pu se procurer, il n'a rien appris qui indique que la machine à préparer le lin de M. Chignac ait été mise en usage avant lui, et que l'idée du principe paraît lui appartenir.

ARTICLE TROISIÈME.

SOIES GRÈGES.

Les *soies grèges*, exposées, sont de deux variétés bien distinctes:

1.° La soie jaune ou commune;
2.° La soie blanche dite *soie sina*.

La France possède la première depuis plus de deux siècles; la seconde lui est parvenue beaucoup plus tard : les Chinois seuls la versaient dans le commerce.

Il y a quarante ans environ que le gouvernement Français fit prendre, en Chine, de la graine de *soie sina*; il la confia à plusieurs propriétaires. Cette opération n'eut point d'abord un grand succès ; on crut même la graine perdue. En 1808, cependant, elle fut retrouvée, et l'administration en fit de nouveau distribuer dans les départemens où se récolte la soie. Elle y réussit parfaitement bien.

La plantation des mûriers et l'éducation des vers-à-soie, se sont considérablement étendus depuis, et doivent s'étendre encore davantage. Les mûriers prospèrent dans les latitudes assez élevées; les Anglais en plantent par milliers en Irlande.

Ces arbres ont parfaitement réussi jusque sur les flancs du Jura.

Tout le sol de la France est donc propre à la culture de la soie, et sous peu d'années, sans-doute, elle en produira une immense quantité.

Jusqu'à-présent, le département de la Gironde était demeuré indifférent à la révolution agricole et manufacturière qui s'accomplit peu-à-peu en France; néanmoins quelques faits isolés avaient donné la certitude que, dans plusieurs localités du département, des essais privés avaient été tentés, et que ces essais avaient, en général, assez bien réussi. (1)

Ayant obtenu ces renseignemens, la Société Philomathique, sur l'invitation de M. le Baron d'Haussez, s'est livrée à de nouvelles tentatives pour encourager et propager cette culture. Elle nomma une commission pour lui présenter un état des ressources que possède le département.

Le premier soin de la commission fut de faire le dénombrement des mûriers qui existent dans le département. Après des recherches pénibles et laborieuses, elle s'assura qu'il s'y trouve plus de 13,000 mûriers.

2500 ont de............ 50 à 90 ans.
 800   de............ 20 à 50 ans.
10,000 et plus,   de...... 10 ans et au-dessous.

La commission proposa l'établissement de quatre magnane-

(1) Les résultats de deux de ces essais ont été mis à l'Exposition : 1.° une paire de bas dont la soie provenait de vers élevés chez M. Sarget; cette paire de bas de soie avait été donnée à M. le Président de la Société Philomathique par M. le Baron d'Haussez, préfet de la Gironde; 2.° divers échantillons et un bas de soie écrue, provenant de vers élevés par M. E. Martin, D.-M.

ries. Pour subvenir aux frais que ces magnaneries devaient entraîner, la Société arrêta qu'une souscription de 20 fr. par actionnaire serait ouverte; bientôt elle fut remplie. La commission distribua aux quatre magnaneries placées sur divers points du département, vingt-trois onces de graines de vers-à-soie. L'incubation de cette graine fut un peu hâtée par le transport tardif qu'en fit la poste.

Ces vingt-trois onces de graine ont produit 1250 demi-kilog. en cocons de toute couleur.

Ces 1250 demi-kilog. de cocons fourniront de 100 à 120 demi-kilog. de soie filée, ou environ 4 demi-kilog. et demi par once de graine. Le prix moyen de la soie filée à Bordeaux, est de 30 fr. le demi-kilog.

Ce résultat est très-brillant; il offre une preuve irréfragable que les vers-à-soie peuvent devenir pour ce département une source de richesse d'autant plus importante, qu'en encourageant leur culture, on assure à l'agriculture, à l'industrie et au commerce un élément nouveau de prospérité.

L'agriculture surtout doit en retirer de grands bénéfices. Si on considère que l'éducation des vers-à-soie profite, pendant une partie de l'année, du tems que perdent le plus souvent les enfans et les personnes de la ferme qui n'ont que des occupations intérieures; que cette récolte a lieu à l'époque de l'année où les villes versent dans les campagnes une partie de leur population, à laquelle il ne faut, pour s'y plaire, qu'une occupation utile; enfin, qu'elle donne de la valeur à des plantations d'arbres, à des terrains qui n'en auraient point sans elle, chacun en demeura convaincu.

La culture de la soie est donc un véritable bienfait pour les lieux où elle s'introduit. Elle est un moyen de plus d'utiliser du tems et du travail qui seraient perdus. C'est particulièrement sous ce point de vue que le Jury a reconnu l'utilité des travaux de la commission. Donner l'occasion d'employer le tems et le travail, c'est produire la richesse et le bonheur.

Dans le département de la Gironde, une plantation moyenne de 600 pieds de mûriers par commune, nourira, dans vingt ans, 20,000 onces de graine de vers-à-soie. Ces 20,000 onces produiront 16,000 quintaux de cocons, lesquels donneront 150,000 liv. de soie, ou un revenu de près de 5,000,000 de fr.

« L'essai fait par la Société Philomathique, prouve aux ha-
« bitans de la Gironde, dit le rapport de la commission, que
« le climat de ce département n'est nullement contraire à
« la culture des vers-à-soie; mais pour y propager cette bran-
« che d'industrie, les principales ressources sont encore à
« créer. Il faut faire des plantations de mûriers, élever des édu-
« cateurs, des cueilleurs de feuilles qui sachent éviter de dé-
« grader les arbres, et des tireuses de soie. En réussissant, la
« Société aura rendu un grand service au département et à la
« France entière; car, en indiquant une source de richesse au
« premier, elle aura contribué à alléger la patrie d'un
« tribut de près de 50,000,000 fr. qu'elle paie à l'étran-
« ger.

« Cette branche d'industrie est reconnue tellement avan-
« tageuse aujourd'hui, qu'on appelle vers elle l'attention des
« départemens du centre et de l'ouest, qu'on l'encourage de-
« puis les rives inférieures de la Seine, jusqu'aux régions élevées
« du Jura.

« L'usage des soieries n'étant pas susceptible de tomber, on
« peut se livrer sans crainte à l'éducation des vers qui produi-
« sent la soie. Plus de 1,600,000 mûriers ont été plantés

« depuis dix ans sur le sol de la France, et cependant le prix
« de la soie est presque doublé.

TISSUS DE SOIE.

Le département de la Gironde ne possède encore aucun
établissement où l'on ait mis la soie en œuvre. L'Exposition
possédait néanmoins quelques tissus de cette matière. Une
mantille en tulle bobin et un schal 6 quarts, satin ponceau,
à rosace et à bordure en rose. Ces objets exposés par M.
Garnier aîné, rue Saint-Remy, n.° 2, sortent, le premier,
de l'atelier de M. Despagne Avesque, fabricant de broderies
à Lyon ; le deuxième, de la fabrique de MM. Falsan frères,
Coutance et Marie, fabricans de soieries à Lyon. Sans être ap-
pelé à prononcer sur leur qualité, le Jury les a vus avec intérêt.

Mlle Lameyra a exposé une robe en tulle bobin brodé,
dont les broderies ne laissent rien à désirer.

Mme Brosse, dans les corsets qu'elle a exposés, s'est proposée
un double résultat, produire les formes les plus séduisantes,
montrer l'élégance et la perfection de son travail. En effet,
jamais on ne vit de plus jolies presses pour modeler la beauté.
Sans doute les lois les plus rigoureuses de l'hygiène ne doivent pas toujours s'accorder avec celle qui a dicté ces char-
mans corsets; mais la mode a dit: *il faut souffrir pour être
belle.* Quelle femme balancerait ?

ARTICLE QUATRIÈME.

COTONS.

FILATURE.

La filature établie à Beautiran, près Castres, est la seule qui
ait exposé ses produits.

Après avoir reconnu que la confection des fils à mèches, sous le n.° 4, était convenablement soignée, le Jury a remarqué avec satisfaction, qu'avec le même coton (Louisianne), cette filature a obtenu, par une gradation ascendante, des degrés de finesse poussés jusqu'au n.° 70. Tous les fils présentés ont une égalité presque parfaite, et une force relative propre à tous les emplois. Ils peuvent indistinctement servir pour le tricot la chaîne ou la trame, et former toute espèce de tissus pour mouchoirs et pour calicos.

Les travaux de la filature de Beautiran, suspendus pendant quelques années, ont été repris sous la direction de M. Cordes. Cette filature peut mettre en activité deux mille broches, et produire 150 liv. de coton filé. Tous ses produits sont destinés à la consommation locale, à laquelle ils sont appropriés.

TISSUS DE COTON.

MM. H. Chatelanat et comp., déjà nommés, ont exposé des couvertures et du molleton de coton, qui, comme les objets de la même nature qu'ils exposèrent l'année dernière, présentent la même force, le même moelleux et la même égalité dans le tissu.

ARTICLE CINQUIÈME.

HORLOGERIE.

M. Brosse, toujours digne des éloges des artistes et des amateurs, a exposé un chronomètre marin et une pendule ou régulateur.

Le Jury a trouvé dans le premier de ces ouvrages une exécution aussi soignée que celle d'un instrument semblable qui fut soumis à son examen lors de la première Exposition.

Le système de la pendule ou régulateur, est divisé en deux parties : l'une comprend les rouages du mouvement et ceux de la sonnerie; l'autre l'échappement et le balancier. La première est placée dans le piédestal, à la hauteur du cadran; la seconde sur le piédestal. L'échappement est libre et indépendant.

Cette construction élégante et originale, qui n'ôte rien à l'exactitude de l'indication horaire, fait beaucoup d'honneur à M. Brosse, et a été examinée avec satisfaction par le Jury.

M. Chambaud a exposé deux montres à secondes, dans lesquelles le Jury a remarqué une disposition différente dans les balanciers, dont l'un est perpendiculaire et l'autre horizontal. Cet artiste se recommande par le désir qu'il a de bien faire.

ARTICLE SIXIÈME.

ORFÉVRERIE.

Quoique le nombre des orfèvres soit assez considérable à Bordeaux, un seul a exposé; c'est M. Grégoire.

Les figures et toutes les parties des deux soleils ou ostensoirs qu'il a exposés, ont été relevées en bosse avec des moules qu'il a faits. L'exécution de ces deux objets présentait beaucoup de difficultés, principalement pour bien faire venir les mains et les têtes. Ils se font encore remarquer par la ciselure des reliefs. Ces deux pièces laissent néanmoins beaucoup à désirer sous le rapport de la composition.

ARTICLE SEPTIÈME.

ÉBÉNISTERIE.

Les objets d'ébénisterie étaient plus nombreux à l'exposition de 1827 qu'à celle de 1828. A celle-ci, MM. Camel, Weellen et Magnon, ont exposé divers meubles remarquables par le poli du bois, l'élégances des formes et le fini du travail. Ces meubles, qui ne le cèdent en rien à ceux que le commerce reçoit de Paris, ont prouvé au Jury que l'ébénisterie se soutient dignement à Bordeaux. Le Jury a surtout remarqué la table à thé de M. Magnon. Cette table présente beaucoup de difficultés vaincues. Il a vu aussi, avec intérêt, les fauteuils présentés par MM. Camel et Weellen, dont le siège est à élastiques en fer.

MM. Weellen et Camel ont aussi exposé des matelas à élastiques en fer, également remarquables par l'exécution et la bonté du travail.

Les matelas à élastiques ne sont pas une invention nouvelle; leur confection n'est même pas récente à Bordeaux: c'est en Prusse que les premiers furent mis en usage avant 1790.

MM. Weellen et Camel ne donnent pas la même forme à leurs ressorts ou élastiques, et ne les fixent pas de la même manière dans l'intérieur des matelas. Dans les couches de M. Camel, les ressorts sont indépendans les uns des autres ; dans ceux de M. Weellen, ils sont liés entr'eux de manière à ne former qu'un seul corps ; de sorte que, pour une pression quelconque, l'élasticité a lieu dans toute l'étendue de la couche. M. Weellen a, de plus, imaginé un perfectionnement qui a mérité l'attention du Jury. Il consiste à renouveler l'air intérieur des matelas, qui, sans cela, demeurant chargé de la transpiration, tend à détériorer les ressorts, et peut-être, à la longue, nuire à la santé des personnes qui font usage de ces matelas. M. Weellen a, en outre, exposé des couchettes d'enfant et des sièges de diligences bien confectionnés.

Le matelas à lunette de M. Camel peut être d'une grande utilité aux personnes malades ou infirmes, sous le rapport de la propreté, de la salubrité et de l'économie.

ARTICLE HUITIÈME.

INSTRUMENS DE MUSIQUE.

Depuis Rameau et Lully, l'art musical a fait de grands progrès en France. Ces progrès sont dus à la perfection mécanique des instrumens, plutôt qu'à une disposition plus développée du goût du Français pour cet art.

L'Exposition bordelaise n'était pas riche en instrumens de musique, quatre objets la composaient :

1.º Un violon exposé par M. Dumoulin. Ce violon plaît par ses formes qui sont agréables; elles imitent celles du Stradivarius, patron le plus estimé des connaisseurs et en même tems le plus rare. Les ouïes en sont très-bien faites. L'instrument est facile à jouer. On parcourt le manche avec aisance dans toute son étendue. Les chevilles sont bien placées; l'auteur a su éviter un défaut commun à la plupart des violons : la cheville qui reçoit la seconde corde du haut (le *la*) est le plus ordinairement placée si près de la tête, que l'on est obligé de faire entrer la corde de force et entièrement. Dans l'instrument présenté il y a un espace suffisant pour pouvoir renverser la corde et la pincer avec les doigts. Elle sort intacte et nullement froissée. Les *éclisses* (faces latérales du corps de l'instrument) sont dans les proportions les plus convenables.

Telles sont les bonnes qualités du violon de M. Dumoulin , le Jury se plaît à les reconnaître et à les signaler ; mais il doit signaler aussi les défauts qu'il y a remarqués.

Les voûtes d'harmonie sont terminées trop brusquement. Le son est resserré et comprimé ; il ne sort pas avec tout son développement , et l'instrument est ce qu'on appelle *sourd*. Le chevalet est peu soigné. L'archet ne trouve pas sous lui la roideur naturelle aux instrumens neufs. Le bois, quoique vieux , paraît avoir été mal choisi , il est noueux. Le vernis n'est pas d'une bonne qualité , il prend aux doigts.

Comme il est très-rare de trouver, dans les départemens, des luthiers qui s'occupent de la construction des instrumens , le Jury n'hésite pas à faire connaître le résultat de son examen , quelque rigoureux qu'on le trouve. Ce n'est pas toujours en louant que l'on est utile aux arts, mais en les éclairant.

On doit savoir gré à M. Dumoulin des efforts qu'il a faits pour perfectionner un instrument dont la supériorité unanimement reconnue sur tous les autres, lui a mérité le nom de *roi des instrumens*.

2.º Une clarinette à treize clefs et une flûte à huit clefs, exposée par M. Raver. Ces instrumens sont exécutés avec un degré de perfection jusqu'à-présent inconnu à Bordeaux. La comparaison que le Jury en a faite avec ceux des facteurs de Paris les plus estimés ne leur est pas défavorable.

M. Raver a introduit dans la confection de ses instrumens, un perfectionnement qui, tout léger qu'il puisse paraître , n'en a pas moins une grande influence sur la qualité et la justesse du son. Les clefs sont ordinairement garnies en peaux sur lesquelles la température exerce une grande influence. L'humidité produite par le souffle dans l'intérieur de l'instrument, contribue beaucoup à les altérer, en sorte que, par leur amollissement ou leur resserrement, les clefs ne ferment plus exactement ; il en résulte des intonations fausses et quelquefois une absence totale de la note. M. Raver emploie la baudruche, qui n'a pas les mêmes inconvéniens.

Le prix des instrumens de M. Raver est d'un cinquième environ au-dessous des plus chers de la capitale.

C'est avec une véritable satisfaction que le Jury a examiné les instrumens de cet artiste, qui, mieux apprécié des amateurs, obtiendra leur confiance.

3.° Un *haut-bois* exposé par M. Brod. Cet instrument arrivé trop tard à l'exposition pour concourir, n'en a pas moins attiré l'attention du Jury. Il lui a paru digne de ses éloges.

MÉCANISMES

DESTINÉS A L'ENSEIGNEMENT DE L'ART MUSICAL.

Dans tous les tems, les recherches tendantes à perfectionner les méthodes, ou à diminuer le travail qu'entraîne leur application, ont été l'occupation principale des homme de génie. C'est à ce besoin qu'on doit les méthodes si parfaites de classification qui guident dans l'étude des sciences naturelles, dans celle des sciences exactes et même dans celle des beaux-arts. Souvent des mécanismes ingénieux sont venus à leur secours pour rendre plus uniformes les effets de leurs applications. L'art musical en a quelquefois fait usage.

Deux mécanismes exposés par M. Perrot, professeur de chant, sont destinés à faciliter l'étude de son art :

1.º Le *gammagène* ou *générateur des gammes*, consiste en un mécanisme ingénieux propre à mettre sous les yeux des jeunes élèves les gammes qu'ils doivent étudier. Cette méthode paraît être avantageuse pour les enfans; mais comme elle n'agit pas sur le jugement, le Jury pense que ce mécanisme doit être employé avec beaucoup de circonspection.

2.º Le *transpositeur vocal*. Cet instrument est destiné à marcher de pair dans l'enseignement avec celui dont il vient d'être parlé. Il suppose chez l'élève des connaissances préliminaires qui rendent sont application peu importante. Cet ouvrage, qui n'est point de l'invention de M. Perrot, paraîtrait avoir été mis en usage dès 1763.

ARTICLE NEUVIÈME.
MÉCANISMES DIVERS.
SOUFFLETS A DOUBLE ET TRIPLE VENT.

L'invention des soufflets à *double vent*, dont ceux à *triple vent* ne sont qu'une modification, est due au sieur Rabier de Rennes, qui obtint un brevet d'invention pour cinq années en 1820. Ces soufflets, dont l'usage, d'après les épreuves ordonnées par le ministre de la Guerre, a été adopté dans tous les arsenaux de France, furent reconnus supérieurs à tous ceux inventés précédemment.

Les procès-verbaux du comité Central d'artillerie, constatent qu'ils emploient moins de charbon ; qu'avec moins de fatigue ils font plus d'ouvrage; qu'ils occupent moins d'espace dans les forges de tout genre.

Les soufflets à *double vent* ou à *double courant d'air* ont la même forme que les anciens soufflets, mais ils sont beaucoup plus petits. Les plus grands employés dans les hauts fourneaux n'ont que 4 pieds de long sur 30 pouces de large.

Pendant la durée du brevet d'invention du sieur Rabier, M. Fayant, maître de forges à Angoulême, établi à Bordeaux depuis dix mois environ, tint dans cette ville un entrepôt de soufflets à *double vent*. Après l'expiration du brevet, l'entrepositaire a fabriqué ces soufflets pour son propre compte, et les ayant jugés susceptibles de perfectionnement, il s'en est occupé avec succès.

1.° Il a remplacé le bois de châtaignier par le bois de noyer. Le bois de noyer est plus dur et est moins sujet à se fendre par l'application obligée de clous d'une assez forte dimension.

2.° Dans les peaux de génisse, qui couvrent latéralement le soufflet, il supprime les parties faibles, pour obtenir une force égale dans toute leur étendue.

3.° Il ne place pas, ainsi que le sieur Rabier, la ventouse qui conduit l'air du réservoir inférieur ou premier compartiment aussi près de la tête du soufflet. Ce placement trop rapproché présente plusieurs inconvéniens.

4.° Il a supprimé une coulisse que le sieur Rabier plaçait sur la tête du soufflet, pour diminuer le courant d'air au point de le réduire à zéro.

Le soufflet mis à l'exposition par M. Fayant présente toutes les améliorations que le Jury a jugé utile de signaler. Ce soufflet est propre à chauffer de très-fortes pièces ; le prix en est très-modéré : 75 fr.

M. Chaumont a également exposé deux soufflets, l'un à *double vent* et l'autre à *triple vent*. Le premier est une copie imparfaite du soufflet Rabier. Le second, dont M. Chaumont dit être l'inventeur, se compose de six réservoirs ou compartimens, placés les uns sur les autres. La machine mise en jeu et remplie d'air oblige la partie supérieure

à prendre une position presque verticale, ce qui la rend difficile à vider et diminue son effet. De plus, le réservoir
commun n'étant pas plus grand que chacun des réservoirs
particuliers et recevant continuellement le vent des deux
autres réservoirs à-la-fois, il y a nécessairement compression
et refoulement, ce qui tend à le faire éclater. Le Jury ne
pense pas que le soufflet à triple vent puisse être employé
avec succès.

HERSE TRANCHANTE.

L'agriculture est le plus ancien des arts. C'est à lui que
l'homme doit son aisance et son bonheur. D'abord basée sur
l'expérience et les observations traditionnelles, ce n'est que
peu-à-peu que la théorie est venue éclairer ses méthodes
routinières du brillant éclat de son flambeau, et l'élever au
niveau des autres connaissances humaines. Empruntant
successivement tous les secours de la mécanique, le nombre
des machines qu'emploie l'agriculture s'est considérablement
accru. Chaque jour en voit éclore de nouvelles, destinées à
perfectionner le travail des anciennes ou appropriées à de
nouveaux systèmes d'exploitation.

La herse tranchante exposée par M. Pollis, rentre dans
la première catégorie. Émotter les terres nouvellement
labourées, et émousser les prairies, tel est le double usage
qui en a inspiré la construction à son auteur.

Cette herse se compose d'un cylindre en bois de quatre
pieds de long sur quatre pouces de diamètre, traversé dans
sa longueur par un axe de fer. Ce cylindre est entouré de
dix bandes mobiles en fer ; elles ont deux pouces et demi
de large sur six lignes d'épaisseur ; elles sont à charnière et
à clavette. Chaque bande est armée de huit couteaux tran-

chans de neuf pouces de long. Au-dessus du cylindre est un cadre carré en bois, de cinq pieds environ de côté, auquel sont fixés deux crochets; sur le milieu du cadre et perpendiculairement au cylindre, se place un timon mobile qui permet de mettre l'attelage à l'un ou à l'autre bout. Enfin, deux systèmes de roues, dont l'un à rayon plus étendu que celui des couteaux sert à conduire la machine sur le lieu du travail, et l'autre à rayon plus court de deux pouces et demi sert à manœuvrer la machine pendant le travail.

Cet instrument aratoire sert aux trois opérations suivantes :

1.º En ôtant les roues et le cadre, le cylindre promené sur un champ nouvellement labouré, divise et écrase les grosses mottes;

2.º En employant les petites roues et fixant le cylindre au moyen des crochets, il coupe, déchire et entraîne la mousse des prairies.

3.º En ôtant les roues et les bandes de fer, et surchargeant le cadre d'une caisse remplie de pierres ou de terre, le cylindre nivelle et aplanit les terrains inégaux.

Cet instrument, par sa simplicité et sa forme, a paru au Jury remplir le but auquel il est destiné.

ÉCHELLE A INCENDIE.

Les tentatives, quelqu'infructueuses qu'elles soient, faites dans un but philanthropique, méritent toujours à ceux qui les font, sinon des récompenses, du moins l'expression de la reconnaissance de ceux auxquels elles peuvent être utiles. C'est sous ce point de vue seulement que le Jury a trouvé convenable de mentionner dans son Rapport l'échelle à incendie exposée par M. Touchard.

Cette échelle, composée de trois grandes branches qui peuvent être alongées plus ou moins, disposées comme le sont celles d'un porte-fléau de grandes balances, ne présente pas une solidité suffisante. Exécutée sur les proportions indiquées par le modèle exposé, l'usage en serait dangereux.

POMPE A MANÈGE.

Les études mécaniques ayant pour but d'élever l'eau du sein de la terre à sa surface, sont très-multipliées. Le moyen d'aspirer le liquide par le vide opéré sur une partie de la surface est, de tous ceux qui ont été employés, celui qui a le plus exercé l'esprit d'invention.

Les recherches se sont tantôt proposé l'exécution du vide, tantôt le moteur pour l'obtenir, tantôt la disposition la plus avantageuse de ce moteur. C'est dans ce dernier cas que se trouve la pompe à manège mise à l'Exposition par M. Escoffier.

M. Escoffier a su faire une heureuse application de la roue à plans inclinés de M. Désargues et dont Bélidor fait un pompeux éloge dans son traité d'hydraulique. Cet habile artiste a augmenté la solidité de la roue à plans inclinés, en la rendant immuable sur le sol autour du puits. C'est l'axe seul qui tourne ; il est percé et sert en même tems pour le jeu de la pompe. Par cette disposition, le frottement est considérablement diminué. Les dépenses de construction sont moindres d'un tiers.

Il n'est rien de plus simple, ni de mieux approprié pour employer la force des animaux à élever l'eau à une hauteur quelconque.

M. Escoffier a obtenu un brevet d'invention pour toutes les combinaisons et toutes les applications qu'il peut faire de sa pompe à manège. Quelques-unes de ces combinaisons et de ces applications sont nouvelles et originales. Quoique ces pompes n'aient pas été exécutées en grand , tout concourt à en garantir le succès.

MACHINE PROPRE A REMPLACER LE HALLAGE DANS LES RIVIÈRES.

M. Guibert Seyssal a exposé le modèle d'une machine propre à remplacer le hallage dans les rivières. Cette machine qui, suivant l'auteur, doit franchir les plus forts courans de la Garonne par la force des hommes , n'a offert au Jury la solution d'aucune des données du problème qu'il s'est proposé de résoudre.

MACHINE A SCIER LES PIERRES DURES.

Déjà, l'année dernière, une machine destinée à scier les pierres , fut présentée à l'Exposition : elle fut reconnue imparfaite.

M. Dasvins de Boismarin a présenté , à la deuxième Exposition , un mécanisme propre également à scier les pierres. Ce mécanisme est placé sur un bateau mouillé au courant de la rivière : deux roues à aubes, placées sur les côtés du bateau , mettent les scies en mouvement. Le modèle exposé par M. Dasvins de Boismarin n'a pas paru , au Jury, exécuté avec assez de soin. Il pense même que quelques-unes de ses parties auraient besoin d'être modifiées pour obtenir quelque lueur de succès.

FUSILS ET PISTOLETS A PERCUSSION.

Plusieurs causes ont fait adopter très-vite l'usage des fusils à percussion : économie du tems dans la charge , économie de poudre , économie de réparations , faculté de chasser en tout tems , et l'avantage inappréciable de brûler l'amorce sans fumée.

Deux fabricans ont exposé des fusils à percussion, M. Fléron et comp., et M. Gauvin, arquebusier. Les deux fusils sont établis d'après le système le plus nouvellement adopté. Ils ne ne présentent aucune amélioration sous le rapport de l'invention ou du perfectionnement; mais ils se font remarquer, l'un et l'autre, par la solidité de l'ouvrage, la beauté et le fini des détails.

Toutes les pièces de chaque fusil, excepté le canon, qui vient brut des manufactures, ont été faites par chaque auteur. Ils méritent les mêmes éloges pour la perfection à laquelle ils sont parvenus. Le Jury pense, néanmoins, que le fusil de MM. Fléron et comp., l'emporte sur celui de M. Gauvin, par la perfection de la sculpture de toutes les pièces, et surtout par celle du bois, qui lui a paru achevée.

Les pistolets à percussion ont été exposés par M. Burnel. Toutes les pièces tirées des manufactures, sont bien limées et bien ajustées. Le bois se fait remarquer par diverses incrustations en nacre et en buis. Tout annonce dans l'artiste du talent et du goût.

BALANCES.

La simplicité et la précision sont le principal mérite d'une paire de balances.

M. Mordet a exposé une paire de balances qui se fait remarquer, selon l'auteur, par une lanterne placée dans la tige : cette tige est d'une seule pièce ; par une autre lanterne, que l'on voit sur le haut de cette même tige, présentant un filet dans son milieu ; par le fléau, porté dans un vase ; par deux vases placés à l'extrémité du fléau, portant deux picolets découpés, au-dessous desquels sont des glands qui soutiennent les chaînes ; enfin, par le mérite qu'ont ces diverses pièces d'être faites au burin et à la lime , sans l'emploi du tour. Le prix de cette paire de balances est de 450 fr.

Le Jury éprouve le regret de ne pouvoir partager l'opinion de M. Morclet sur son ouvrage. Ce ne sont pas des tours de force qu'il demande , mais de l'utilité : il aurait désiré que , tendant plus vers le but dont sa profession lui fait une loi, puisqu'il est *fabricant et ajusteur du bureau de vérification des balances , poids et mesures , etc.*, il y eût plus de simpli- cité et surtout plus de précision dans l'instrument qu'il a sou- mis à son examen.

MACHINE POUR HACHER LA PAILLE.

Les hache-paille ont été inventés par les Anglais ou par les Allemands. C'est , du moins, en Angleterre et en Allemagne, que les premières machines de cette espèce furent mises en usage. Elles ont été exécutées sous un grand nombre de for- mes , toutes plus ou moins ingénieuses.

Le hache-paille présenté par M. Bertomieux de Moissac est exécuté avec beaucoup de soin : cet instrument donne de bons résultats. Quoique en général confectionnées avec soli- dité , quelques-unes des pièces qui composent ce hache-paille ont paru faibles au Jury. Il se fait remarquer par une heureuse amélioration : des rouleaux alimentaires sont dispo- sés de telle sorte, qu'à volonté, le couteau peut hacher plus ou moins long , suivant l'usage auquel est destinée la paille.

L'exécution de cette machine fait honneur à M. Berto- mieux.

OBJETS DIVERS.

M. Sterling fils , serrurier-mécanicien , a exposé une pièce qui n'est que l'une des parties de la machine à travailler les verres d'optique, inventée par M. Stewart. L'exécution de cette pièce délicate, annonce, en M. Sterling, une grande précision dans le travail. Le même artiste a aussi exécuté, sous la direction de M. Stewart, une machine à boucher les bouteilles. Cette machine, inventée en Angleterre, agit par le moyen d'un levier, comprime fortement le bouchon et fermant ainsi les pores du liège, il en résulte beaucoup de précision dans l'opération du bouchage. Cette seconde pièce fait honneur à M. Sterling.

M. Dalon a exposé une cage qui indique beaucoup d'adresse et de patience dans son auteur. Le Jury a pensé que cet ouvrage, purement de fantaisie, ne le dédommagera jamais du tems qu'il a mis à le confectionner.

Les deux systèmes de barils, présentés par M. Faux, sont bien exécutés. Quant à leur utilité, le Jury croit qu'il n'y a aucun avantage à les employer. Dans l'usage ils doivent présenter plusieurs inconvéniens irrémédiables.

SECTION DEUXIEME.

Applications de la Chimie à l'Industrie manufacturière.

ARTICLE PREMIER.

PAPIERS.

M. Casimir Ballande, demeurant à Rattier, département du Lot-et-Garonne, est le seul fabricant de papier qui ait envoyé des échantillons à l'Exposition.

On n'avait encore fait, dans ce département, que des papiers communs. M. Casimir Ballande est le premier qui ait introduit dans ses ateliers les cylindres et le nouveau blanchissement par la vapeur. Il est parvenu, à l'aide de ces nouveaux procédés, à fabriquer des papiers remarquables par le degré de finesse qui les distingue. Il livre ses produits au commerce à des prix inférieurs à ceux des fabriques d'Angoulême.

ARTICLE DEUXIÈME.

PEAUX ET CUIRS.

CORROYERIE, MÉGISSERIE, TANNERIE ET PARCHEMINERIE.

Le département de la Gironde possède de grands avantages pour la préparation des peaux et des cuirs. Cette branche d'industrie suffirait, à elle seule, pour lui donner une réputation manufacturière assez étendue, si elle était entièrement développée. Encourager les entreprises qui tendent à ce développement, c'est hâter la prospérité du pays, et faire surgir des sources de richesses qui demeureraient inconnues.

Trois fabricans ont exposé des peaux ou des cuirs.

1.º M. Seutin a exposé divers objets en cuir corroyé et verni. Il poursuit avec zèle, persévérance et succès, la carrière qu'il s'est proposé de parcourir. Il a poussé, jusqu'à un point très-élevé de perfection, la préparation des peaux et des cuirs.

Parmi les objets qu'il a exposés, le Jury a remarqué un cuir verni noir de génisse, à l'usage de la sellerie. L'éclat du vernis, la souplesse de la peau ne laissent rien à désirer, tout en n'ôtant rien à la consistance naturelle du cuir, lequel n'est point sujet à s'écailler par le frottement ou par le plus léger effort, comme cela arrive communément aux cuirs préparés par le procédé vicieux de l'équarrissage. M. Seutin a remplacé cette opération par une manipulation de tanage préliminaire, et par des préparations secondaires de corroyage, résultat de longues recherches et d'essais multipliés. Ses prix sont en rapport avec ceux de Paris. Ce fabricant applique, avec succès, à la chapellerie, les peaux de chèvre de ce département rebutées par les corroyeurs. Le chapeau d'une seule pièce qu'il a fait figurer à l'Exposition, ne pèse que six onces, et néanmoins, il. unit à cette légèreté deux autres qualités précieuses, la souplesse et la solidité. Il peut leur donner toutes les formes, toutes les dimensions et toutes les couleurs qui lui seront demandées. Le bas prix (6 francs), auquel il les livre au commerce, fera exclure ceux qui étaient importés d'Angleterre ou des États-Unis, et qui ne se vendent pas moins de 15 fr.

La fabrication des chapeaux de peau de chèvre sera à l'avenir un emploi avantageux de ces peaux. M. Seutin affirme que quatre ouvriers exercés pourraient en confectionner quinze mille par année. Cette circonstance assure la modicité du prix.

M. Seutin a encore exposé une visière de casquette, une paire de bouts de socques en cuir imperméable, parfaitement verni ; une paire de bottes plissées, à quarante-huit plis sur le coude-pied, très-remarquable par la régularité du travail ; un col militaire cannelé, dont les cannelures, au lieu d'être faites par impression, ont été enlevées par une machine de son invention ; enfin, une ceinture à flotter en cuir imperméable. Le Jury a jugé convenable d'entrer dans quelques détails sur cet objet.

A diverses époques, des essais furent faits pour maintenir le corps de l'homme à la surface de l'eau. Après les calebasses, les vessies remplies d'air et le liège, on a imaginé d'employer les tissus rendus imperméables. Les métaux eux-mêmes, travaillés convenablement pour déplacer un grand volume d'eau, n'ont point été oubliés. Les anciens paraissent avoir eu la pensée d'employer des outres pour traverser les fleuves. M. Seutin a cru qu'il pouvait appliquer au même usage ses cuirs imperméables. Cette tentative n'est pas l'une des moins avantageuses qui aient été faites.

La ceinture à flotter de M. Seutin consiste en deux bandes de cuir d'un pied environ de large, réunies par le haut et le bas, au moyen de deux autres bandes de trois pouces de large, fortement cousues aux deux premières. Deux courroies sont placées dans la partie supérieure et servent de bretelles ; deux autres courroies sont fixées au-dessous, pour maintenir la ceinture dans une position constante. De plus une gaine, ayant un robinet au bout, est disposée de manière que le nageur peut, en toute circonstance et avec la plus grande facilité, augmenter l'air qui remplit la ceinture. Le tout est ceint au corps au moyen de boucles placées sur le derrière.

Cette ceinture, remplie d'air, mise sous les aisselles, maintient le nageur dans une position verticale : gonflée de tout l'air qu'elle peut contenir, elle suffit pour supporter trois personnes ; elle peut être d'une très-grande utilité pour porter des secours aux noyés ; elle peut aussi servir dans une foule de cas, pour se soustraire aux périls d'un naufrage.

Tous les objets exposés par M. Seutin ont intéressé le Jury.

2.° M. Monnier a présenté à l'Exposition des peaux blanches de mouton : ces peaux sont remarquables par leur élasticité, leur moelleux et leur blancheur. Il confectionne de très-bonnes peaux d'agneau et de chevreau, qui font de jolies chaussures pour femme, en y appliquant des couleurs qui imitent l'éclat métallique.

Il n'y a pas encore deux ans que M. Monnier a formé son établissement pour la fabrication des peaux blanches propres à la ganterie, et déjà il commence à affranchir Bordeaux des commandes qu'il est obligé de faire, pour cet objet, à Paris, à Milhau, et aux autres contrées industrielles.

Le Jury a reconnu, avec satisfaction, la bonne qualité des peaux exposées par M. Monnier.

3.º M. Delbourg, d'Agen, a exposé des peaux tannées de cheval, de vache et de veau. Ces peaux, d'une qualité et d'une préparation convenables à la sellerie, témoignent de la persévérance et du zèle de cet estimable industriel. Il obtint l'année dernière une mention honorable dont le Jury le reconnaît encore digne cette année.

CORDONNERIE.

M. Deutzlinger a mis à l'Exposition une paire de bottes, auxquelles le Jury a trouvé une couture très-soignée et de l'élégance dans les formes. Ces bottes coûtent 25 fr.

ARTICLE TROISIÈME.

FAIENCERIE.

Il existe, dans le département de la Gironde, plusieurs ateliers de faïencerie. Ces ateliers n'ont rien exposé. Les faïences de grès, qui ont figuré à l'Exposition, sortent des ateliers de MM. Fouque et Arnoux, de Toulouse.

La fabrique de MM. Fouque et Arnoux est bien soignée. Leurs faïences de grès sont très-avantageuses pour les usages domestiques. Ces grès sont d'une grande solidité et supportent sans danger les passages subits du chaud au froid et du froid au chaud ; le vernis ne s'altère point par l'usage. Le

Jury a examiné les produits de cette fabrique avec beaucoup d'intérêt. Il regrette qu'elle ne puisse concourir pour l'un des prix que décerne la Société Philomathique : Toulouse est en-dehors des limites appelées à concourir.

ARTICLE QUATRIÈME.

CHAPELLERIE.

M. Eugène Toussaint a exposé des chapeaux élastiques en poil de lièvre étranger, pesant 12 onces. Ces chapeaux sont bien traités, d'un beau noir, et ont paru au Jury dignes de ses éloges. Ils sont fabriqués à Bordeaux et se vendent 25 fr.

ARTICLE CINQUIÈME.

FABRICATIONS MÉTALLIQUES.

FORGES.

Quelques usines pour la préparation du fer existent dans les landes. Ces usines n'ont jusqu'à-présent fourni qu'un fer de qualité inférieure. Une ère nouvelle pourrait commencer pour ce genre d'exploitation.

M. Capdeville a exposé divers échantillons de fer, provenant des forges de Lugos. Ce fabricant affirme que, par un nouveau procédé de fabrication, le fer des landes acquerra toutes les qualités convenables pour le faire aller en concurrence avec tous les fers connus.

Le Jury n'a pu se livrer à des expériences pour consta-ter la découverte de M. Capdeville, suivant lequel tous les moyens de purification du fer existent dans le sol des landes lui-même ; il appellera l'attention de la Société Philomathique sur cette importante découverte.

FONDERIE.

M. Dartis a exposé plusieurs objets fondus en fer : ces objets, parmi lesquels on remarque le quart de la garniture de la fontaine à ériger sur la place Royale , sont d'un travail fini. Le Jury a surtout distingué la pièce destinée à la fontaine, qui a été fondue sur les dessins de M. Durand , ingénieur hydraulique de cette ville. Cette pièce est en tout digne du monument qu'elle doit orner.

Le même a aussi exposé des flambeaux à épargne en cuivre, construits d'après une idée ingénieuse.

LAMINAGE.

Peu d'établissemens pour le laminage du cuivre et du plomb existent en France. Déjà, l'année dernière, le Jury eut à s'occuper du seul important qui se soit formé dans le département : celui de MM. Poupard et Lavergne , situé dans la commune de Léognan.

Cet établissement était alors trop récemment fondé, pour qu'il lui fût possible de faire parvenir aucun de ses produits à l'Exposition. C'est en 1825 , que furent posés les premiers fondemens des diverses usines qui le composent. Plus de deux années ont été nécessaires pour la construction, l'installation et l'essai des diverses machines qu'il emploie , toutes mues par une chûte d'eau alimentée par l'un des ruisseaux qui descendent des landes.

La fabrique de MM. Poupard et Lavergne est la première aussi importante que l'on ait encore vue dans le département ; et cependant Bordeaux est la ville de France où se consomme la plus grande quantité de cuivre laminé, pour le doublage des vaisseaux.

Il n'existe en France que six fabriques aussi considérables que celle de MM. Poupard et Lavergne. La fondation de la première ne remonte pas au-delà de soixante ans pour les plombs laminés et à peine à trente pour les cuivres.

Les cuivres laminés à Léognan sont reçus bruts de la Russie et de la Suède. Ces cuivres choisis avec le plus grand soin sont préalablement soumis à une épuration qui donne un grand degré de perfection aux produits.

La fabrique emploie trente personnes dont quatre ou cinq chefs seulement sont étrangers au département, le reste appartient à la commune où se trouve la fabrique, et a été pris dans la classe des vignerons. Si l'on joint à ces trente ouvriers les personnes occupées à l'exploitation du bois, du charbon et aux transports, la totalité des individus employés s'élèvera à quatre-vingts.

MM. Poupard et Lavergne ont présenté plusieurs échantillons de cuivre à l'Exposition, l'un desquels se fait remar_quer par ses grandes dimensions (4 p ᵈˢ. 1/2 de large sur 12 p.ᵉˢ de long). Sans doute d'autres laminoirs en France peuvent en fabriquer de plus grands encore. La fabrique d'Imphy a exposé au Louvre une planche de cuivre de 6 p. de large sur 15 de long. Si l'on réfléchit que cette fabrique est la plus importante du royaume, on louera les fabricans bordelais d'obtenir les résultats qu'ils ont exposés en débutant.

Sans fixer rigoureusement le prix de leur cuivre, MM. Poupard et Lavergne se flattent, dans toutes les circonstances, de pouvoir les livrer au commerce à 10 fr. par 50 kilog. au-dessous des prix des autres fabriques.

Les cuivres destinés au doublage présentent toutes les qualités désirables. Déjà une quarantaine de navires en sont doublés ; quelques - uns ont fait deux voyages à Calcuta et n'ont présenté que peu d'altération à leur second retour à Bordeaux.

Le laminage du plomb n'offre rien de remarquable à Léognan , quoiqu'il puisse fournir à une consommation annuelle de 25,000 quintaux. La fabrication actuelle ne s'élève pas à la quinzième partie de cette quantité.

Tous les échantillons présentés par MM. Poupard et Lavergne offrent une fabrication soignée , bien entendue , et qui peut rivaliser avec les produits que confectionnent les autres établissemens français. Comme ceux-ci, la fabrique de Léognan peut fournir les cuivres et les plombs dans toutes les dimensions demandées : avantage immense pour la consommation locale.

SERRURERIE.

Le Jury n'a point eu à examiner un grand nombre d'objets de serrurerie. M. Escoffier seul a exposé en tems utile les produits de son atelier. En les présentant , il s'est montré plus digne de l'honorable récompense (3.e médaille d'argent) qui lui fut décernée par le Jury de la première Exposition.

M. Escoffier a fait de nouvelles améliorations à ses serrures. Il y a ajouté un pêne de nuit dont il ne se réserve que l'honneur de l'idée. Il serait à désirer que ce perfectionnement fût généralement adopté : il a remplacé les ressorts en acier par des ressorts en cuivre, qui lui ont paru plus doux , moins sujets à casser et à se déranger. Ces ressorts sont moins chers. Les ressorts en spirale qu'il a exposés, sont faits par une machine de son invention, avec beaucoup de promptitude et une grande régularité.

C'est donc avec un nouveau plaisir que le Jury a vu les travaux de M. Escoffier.

M. Lanch, serrurier, a exposé des serrures exécutées avec soin. Le prix de ces serrures est modique, et d'une composition simple. Le Jury regrette que cet artiste n'ait présenté son travail qu'après l'époque fixée pour le concours.

TOILES MÉTALLIQUES.

L'art d'étirer les métaux ductiles à la filière, a donné naissance à plusieurs autres fabrications qui exercent une grande influence sur la perfection des produits de diverses branches de l'industrie. C'est à la tréfilerie que sont dues les cardes qui préparent les matières filamenteuses et les rendent propres à être filées; c'est encore à la tréfilerie que sont dues les aiguilles et les épingles, les ponts suspendus en fil de fer, et les toiles métalliques.

Si Bordeaux ne possède pas encore d'usine de tréfilerie, tout annonce que l'époque n'est point éloignée où quelque atelier de ce genre s'y formera. L'établissement successif des arts qui emploient les fils métalliques en fera bientôt sentir le besoin et les avantages; M. Leblond aura l'honneur d'avoir fait le premier pas vers ce but, par la fondation d'un tissage de toiles métalliques.

Il paraît qu'il y a plus de soixante ans ce genre d'industrie avait été tenté à Bordeaux; le peu d'encouragement qu'il trouva alors, le fit abandonner, et depuis il est demeuré l'apanage de quelques départemens du nord de la France. C'est de là qu'il nous revient.

Ce n'est qu'après beaucoup de difficultés que M. Leblond est parvenu à donner un commencement d'activité à sa fabrication. Il a dû imaginer et faire confectionner des outils appropriés aux produits qu'il se proposait d'obtenir. Quelque pénibles que fussent ses essais, rien n'a pu ralentir ou attiédir son zèle. Une si louable persévérance mérite une entière réussite.

M. Leblond fabrique actuellement toute sorte de toiles métalliques, depuis 20 fils au pouce carré jusqu'à 90 fils. Les échantillons qu'il a exposés, soutiennent la comparaison avec les meilleurs produits des départemens du nord. Dans le premier trimestre de l'année courante, il a employé 75 kil. de fil; dans le second 150 kil. La fabrication des toiles métalliques prendra un accroissement très-rapide à Bordeaux, dès que l'utilité de ces tissus sera mieux appréciée.

ARTICLE SIXIÈME.

CORDES DE VIOLON.

Le besoin des bonnes cordes de violon, de harpe et de basse, est généralement senti. Des prix ont été proposés pour obtenir en France des cordes qui égalent en bonté les cordes de Naples. Cependant il ne paraît pas qu'il en ait été présenté à la dernière Exposition du Louvre. L'Exposition Bordelaise, plus heureuse sous ce rapport, en offre deux échantillons.

MM. Noël et Bergeonneau ont tous deux exposé des cordes de violon.

Les cordes de M. Noël, quoique transparentes comme les cordes de Naples, sont loin d'égaler celles-ci. Elles sont trop courtes et peu justes.

Les cordes de M. Bergeonneau, moins claires que celles de M. Noël, leur sont bien supérieures pour la justesse et la bonté ; elles sont aussi un peu courtes. Le prix auquel M. Bergeonneau livre ses cordes , est bien inférieur à celui des cordes de France qui ont le plus de réputation, et dans un paquet de trente il y en a au moins vingt très-bonnes. Cette circonstance doit les faire apprécier par les consommateurs , car il est bien rare d'en trouver dix à douze dans les paquets des cordes de Naples.

ARTICLE SEPTIÈME.

CHEVEUX IMPLANTÉS.

Le tems livre à l'homme une guerre d'autant plus redoutable , qu'il n'oppose que des efforts impuissans aux coups successifs qu'il lui porte. Ne pouvant les éviter , il a cherché à en cacher les traces ; des milliers de moyens ont été imaginés pour y parvenir ; des millions le seront encore, qui tous, plus ou moins avantageux, ne pourront néanmoins *réparer des ans l'irréparable outrage.* Quoiqu'il en soit, M. Néret a exposé des perruques de cheveux implantés d'une rare perfection. Ce travail fait beaucoup d'honneur à cet artiste distingué.

ARTICLE HUITIÈME.

INSTRUMENS DE PHYSIQUE.

M. Gibert père a exposé des baromètres, des thermomètres, des aréomètres et des hydromètres qui n'offrent rien de nouveau quant aux effets de ces instrumens. Sous le rapport de leur exécution , ils annoncent, en M. Gibert , un artiste intelligent et précieux.

ARTICLE NEUVIÈME.

TOURBE.

L'un des objets les plus importans de l'économie publique chez les nations modernes, c'est la production et l'exploitation des matières combustibles. Il y a déjà plus d'un siècle que l'on se plaint de la destruction des forêts et de la cherté progressive des bois. Tandis que ces grands dépôts formés par la nature vont en diminuant, les populations qui les consomment, vont en augmentant. Aujourd'hui, avec du charbon de terre et du fer, l'homme compose des machines qui remplacent dans tous les travaux des millions d'esclaves condamnés jusque-là à des ouvrages aussi pénibles que dégradans.

Si les manufactures à Bordeaux n'emploient point encore un grand nombre de machines à vapeur, l'étendue de nos rivières a donné un grand développement au système de navigation si heureusement appliqué par l'ingénieux mécanicien Fulton. L'usage de ces machines ne peut donc aller qu'en augmentant. De là un renchérissement considérable du bois.

Les plantations de bois de pin se sont bien étendues dans les Landes, à mesure que les produits acquerraient une plus grande valeur; mais ce n'est qu'après un tems considérable que ces bois peuvent être livrés à la consommation. Ce serait donc rendre un grand service au département de la Gironde, que de lui ouvrir des sources abondantes de combustibles, tels que la tourbe.

La tourbe présentée à l'exposition par M. Richon, a été découverte dans les marais d'Ambarès. Il paraît qu'on avait songé, il y a cinquante ou soixante ans, à tirer parti de cette matière. Les essais faits à cette époque n'eurent aucun succès. Les circonstances actuelles étant très-favorables à des recherches de ce genre, on doit savoir gré à M. Richon de l'idée qu'il a eue d'exploiter cette tourbe.

Les briquettes de tourbe placées sous les yeux du Jury, sont composées de tiges ligneuses, en grande partie carbonisées, et dans lesquelles cependant on retrouve la fibre végétale et même les rameaux des plantes dont la lente décomposition et l'accumulation a formé une couche épaisse de cinq à six pieds. Telle qu'elle a été présentée, cette tourbe est assez lourde; elle perd une grande partie de son poids en la soumettant à la dessication à l'air : il est probable qu'elle retient beaucoup de parties argileuses et terreuses : jetée sur le feu, elle se consume lentement, en répandant une fumée épaisse et une forte odeur empyreumatique et sulfureuse. Mais tout le monde sait que la tourbe exige pour son emploi des fourneaux dans lesquels le tirage soit très-actif.

Il est inutile de détailler tous les avantages qu'offre l'usage de la tourbe, surtout si les consommateurs peuvent l'obtenir à un prix inférieur à celui de tout autre combustible. C'est ce qui résulte des observations de M. Richon, mais que le Jury n'a pu vérifier.

ARTICLE DIXIÈME.

TÉRÉBENTHINE.

MM. Bourdeux et Dufau, de Saint-Geours de Marenne, près Dax, département des Landes, ont envoyé à l'Exposition de la térébenthine préparée par des procédés pour lesquels le sieur Bourdeux a pris un brevet d'invention.

La térébenthine est ou liquide ou compacte; la France tire peu de cette matière du dehors. Celle dite de Venise est considérée comme la meilleure ; elle coûte 110 fr. les 50 kilog.

La térébenthine de MM. Bourdeux et Dufau, égale en qualité celle dite de Venise; ils peuvent la livrer au commerce à 85 fr. les 50 kilog. ; ils font espérer même qu'ils parviendront à baisser ce prix au-dessous de 70 fr. Leur établissement est naissant; il n'y a guère plus d'une année qu'il est en activité.

ARTICLE ONZIÈME.

MASTIC SILICEUX-HYDROFUGE.

Les mastics destinés au scellement des pierres, et les enduits propres à les préserver de l'humidité, sont de la plus grande importance dans les constructions publiques et particulières. Les édifices élevés dans l'eau, comme les ponts, les écluses, etc. ; les maisons exposées à des vents humides et régnans, comme toutes celles qui sont bâties sur le littoral de la mer, seraient promptement dégradées, si on n'avait pas le soin de couvrir leurs façades d'une composition fortement adhérente aux pierres, pour les rendre imperméables à l'eau et aux vapeurs.

De tous tems, l'art hydraulique a fait des recherches dans l'objet de découvrir un mastic ou ciment qui jouît de la propriété de durcir promptement dans l'eau ou à l'air ; de faire prise avec la pierre ou les autres matériaux, et de résister le plus possible à la destruction lente des années.

Il est des contrées où la chaux et les matières ordinaires possèdent ces qualités ; ailleurs on emploie des matières volcaniques, telles que la pozzalane d'Italie, pour former des cimens qui puissent remplacer la pierre.

L'auteur du mastic siliceux-hydrofuge, présenté à l'Exposition, ne s'est pas fait connaître; il offre aux constructeurs un ciment qui remplacera les bitumes et les mastics de Thénard et de Dihl, et les enduits de MM. Thénard et Darcet.

Afin de constater les propriétés du mastic, le Jury a fait faire des expériences sous ses yeux. Il a fait opérer le mélange des trois élémens qui le composent. Ce mélange, délayé avec de l'huile convenablement préparée, a été étendu sur des pierres de différente dureté, sur des briques, du bois et du fer. Une partie du mastic a été délayée dans une plus grande quantité d'huile, et étendue sur du bois comme enduit : au bout de vingt-quatre heures, le mastic appliqué sur les pierres était devenu très-dur. Sur le marbre et le fer, qui n'absorbent pas l'huile, la dessication et la prise sont plus lentes, mais la couverture n'eut devient pas moins solide au bout de quelques jours.

Le nouveau mastic siliceux-hydrofuge paraît donc propre à rivaliser avec le mastic de Dihl dans toutes ses applications.

Les consommateurs trouveront dans son emploi une très-grande économie comparativement au mastic de Dihl. Celui-ci se vend à Bordeaux 40 fr. les 50 kilog. , tandis que le nouveau mastic siliceux-hydrofuge peut être livré à 20 fr.

Ainsi, le nouveau mastic *siliceux-hydrofuge* réunit toutes les qualités qu'on peut désirer dans un produit de ce genre: solidité, durée, préparation facile, application sûre et économie de frais. Sous tous ces rapports, le Jury l'a trouvé digne de sa confiance et de son approbation. Il croit utile d'en recommander l'usage.

G

ARTICLE DOUZIÈME.

SULFATE DE QUININE.

M. Chantelat-Roudès a exposé seize onces de *sulfate de quinine*. Les essais auxquels le Jury a soumis ce sulfate, lui ont démontré qu'il est véritable et pur, et qu'il peut être employé avec une entière confiance dans les pharmacies.

Le Jury ignore si M. Chantelat-Roudès a amélioré et simplifié le procédé employé pour obtenir cette substance. Il se plaît néanmoins à reconnaître que le prix de 14 fr. 50 c. l'once, auquel il le livre au commerce, est un prix très-avantageux. La fabrication en grand de ce produit chimique, est une acquisition précieuse pour l'industrie Bordelaise.

SECTION TROISIÈME.

Beaux-Arts.

ARTICLE PREMIER.

PEINTURE.

Si l'examen que le Jury a fait des divers tableaux exposés, ne lui a point appris que l'art ait obtenu quelque amélioration depuis la première Exposition, il s'est aisément convaincu que plusieurs artistes ont fait de véritable progrès. A quelques exceptions près, tout était digne d'attention, soit par la variété des sujets, soit par la manière dont la plupart ont été traités.

Parmi les tableaux qui ont concouru, ne sont point compris ceux de MM. de Galard et Alaux, ni ceux de Mmes *** et Arbanère. Ils ont déclaré ne pas vouloir concourir.

Comme à la première Exposition, le Jury a divisé l'ensemble des objets à examiner en classes, en ayant le soin de distinguer les compositions originales des copies.

COMPOSITIONS.

Première Classe. *Figures d'Expression.* — M. Gintrac a exposé un tableau représentant un petit savoyard assis auprès d'une marmotte qui vient d'expirer. Ce tableau a attiré l'attention du Jury par l'expression naïve, la correction du dessin, et la bonne couleur qui y règne. Ce tableau est largement peint , les raccourcis bien modelés , les chairs sont fines de ton et transparentes.

M. Gibert fils, artiste, a exposé un mousse sauvé du naufrage. Ce tableau est de grandeur naturelle.

Deuxième Classe. *Sujets de genre.* — Sept tableaux de genre ont été exposés , parmi lesquels le Jury a remarqué la famille du fossoyeur et le combat de Navarin, par M. Colin. Le premier est d'une composition et d'un sentiment de couleurs tout-à-fait poétiques. Les figures y sont heureusement groupées et touchées avec goût. Dans le combat de Navarin, la pose et l'expression du capitaine de la frégate turque au moment où il rend les armes au jeune Balthazar-de-Fournes, sont d'un élan de composition qui fait honneur à M. Colin.

Troisième Classe. *Portraits en pied.* — Cinq portraits en pied ont été exposés. Le Jury a remarqué le portrait d'une jeune femme, par M. Thibault ; celui d'une petite fille devant une glace, par M.me Feytaud ; et celui d'une paysanne italienne, par M. Matis.

Quatrième Classe. *Portraits avec mains.* — Dix portraits de cette classe ont été exposés. Le Jury a surtout remarqué le portrait d'un avocat, et celui d'une jeune fille donnant l'aumône, par M.me Feytaud, et le portrait d'une femme, par M. Vincent , artiste.

Cinquième Classe. *Portraits en buste.* — Vingt-un portraits en buste ont été présentés à l'Exposition. Dans cette classe le Jury a examiné avec satisfaction un portrait d'homme, par M.me Feytaud ; un autre portrait d'homme, par M.le Delorme, élève de M.me Feytaud, et un portrait de femme, par M. Vincent.

Sixième Classe. *Paysages.* — Douze compositions de

cette classe ont figuré à l'Exposition : un village grec incendié, par M. Colin, a paru le plus remarquable au Jury ; une vue de Pyrennées, et un clair de lune, par M. Lermier, ont aussi excité son attention. Un paysage par M. Lila, et un autre paysage, par M. Gintrac, lui ont paru dignes d'être mentionnés.

Septième Classe. *Marine.* — Onze compositions de marines ont été soumises à l'examen du Jury. La plus importante est une vue des Chartrons, par M. Burgade. Huit autres marines, par le même artiste, font naître les plus heureuses espérances. Une barque grecque et une petite marine, par M. Gintrac, ont été vues avec intérêt par le Jury.

Huitième Classe. *Dessins d'Architecture.* — M. Thiac a exposé plusieurs dessins de cette classe, entr'autres, l'intérieur d'une salle de spectacle, une vue des tombeaux de Pompéia, prise d'après nature, un cadre contenant plusieurs vues d'Italie, et un paysage à l'aquarelle. Ces travaux ont vivement intéressé le Jury.

Classe Neuvième. *Dessins divers.* — M. Valance fils a exposé deux cadres de dessins trompe-l'œil qui font honneur à ce jeune amateur.

M. Gédéon-Mont-Carville a exposé le dessin d'une tête à l'estompe, d'une très-belle exécution.

M. Lanet a exposé trois dessins faits à la plume et au pointillé d'une exécution nette et soignée.

COPIES.

Le Jury a remarqué, avec beaucoup de satisfaction, une copie de *l'accordée de village*, d'après Greuze, par M. Gorgerat, de Bordeaux. Cette copie à l'huile rend très-bien l'original.

M. Gintrac a aussi exposé une copie d'après Renou, représentant les bords du Rhin, que le Jury a vue avec intérêt.

M. Roux a présenté plusieurs copies de sépia d'après Hubert, que le Jury a examinées avec plaisir.

ARTICLE DEUXIÈME.

MINIATURES.

Quatre cadres de miniatures ont été présentés à l'Exposition. Le Jury a remarqué, dans le cadre exposé par M. Vincent, une tête d'enfant sur grande ivoire, qui fait honneur à cet artiste.

Mme David a aussi exposé des miniatures dans lesquelles on trouve une exécution soignée.

Dans les miniatures exposées par M. Thibault, on remarque également une exécution soignée et de la finesse dans les détails.

Les miniatures de M. Consoly ont été vues avec intérêt par le Jury.

ARTICLE TROISIÈME.

FLEURS DÉCOUPÉES ET BRODÉES.

M.^{le} Lévesque a exposé une corbeille de fleurs brodées sur un tissu damassé blanc. L'ensemble de ce travail est bien nuancé et d'un effet remarquable.

M.^{le} Chosal a exposé deux bouquets de fleurs habilement découpées aux ciseaux.

ARTICLE QUATRIÈME.

SCULPTURE.

M. Audebert père, sculpteur recommandable, a présenté

plusieurs morceaux de travail qui, s'ils n'ont pas le mérite d'une grande utilité, ont celui de la singularité : il a su profiter, avec beaucoup de goût, de tous les accidens qu'il a rencontrés dans la forme naturelle du bois, et dans les nuances qu'offrent souvent les sections qu'en fait la scie.

Le Jury reconnaît à MM. Fouque et Arnoux, fabricans de faïence à Toulouse, et qui par cette raison ne sont point admis à concourir, un mérite tout particulier, pour la composition, le moulage et la cuisson du beau vase étrusque, en terre cuite, qu'ils ont présenté à l'Exposition. Ce travail, ainsi que la belle plaque d'enseigne en faïence qu'ils ont exposée, l'a vivement intéressé.

M. Moreau, serrurier, a exposé un chapiteau corinthien en fer battu, supporté par un médaillon de même métal. Ces deux morceaux offrent une grande élégance de trait, tant dans la finesse des volutes, que dans celle du bossage des feuilles d'acanthe, qui en font un très-bel ornement. Le Jury regrette que cet objet ait été présenté trop tard pour concourir

ARTICLE CINQUIÈME.

LITHOGRAPHIE.

M. Gaulon est le seul lithographe qui ait présenté les produits de ses presses. Le Jury a vu avec satisfaction la netteté qui distingue ses travaux. Les améliorations que M. Gaulon a faites à son art, sont sensibles et dignes d'éloge.

Distribution

DES

Médailles et Mentions Honorables.

INDUSTRIE.

MÉDAILLES D'OR.

1.re *Médaille d'or.* Décernée à M. CHIGNAC, de Ste.-Foy, pour le fil de lin filé par une combinaison de machines qu'il a construites

2.e *Médaille d'or.* Décernée à MM. POUPARD et LAVERGNE, pour les cuivres laminés qu'ils fabriquent à Léognan.

RAPPEL.

MM. HENRY CHATELANAT et Comp.e, fabricans de couvertures, sont toujours dignes de la première médaille d'or qu'ils obtinrent à la première Exposition.

MÉDAILLES D'ARGENT.

1.re *Médaille d'argent.* Décernée à M. le baron de MONTESQUIEU, pour les échantillons de laines fines qu'il a exposés, et qu'il a déclaré provenir du troupeau qu'il élève au château de La Brède.

2.e *Médaille d'argent*. Décernée à M. J. MAYOR, pour les fils de laine filés à la mécanique et les tissus qu'il a exposés.

3.e *Médaille d'argent*. Décernée à M. SEUTIN, pour les cuirs vernis, les cuirs imperméables et les autres objets qu'il a exposés.

RAPPEL.

MM. BROSSE et ESCOFFIER auraient concouru pour les médailles d'argent, si déjà ils n'en avaient obtenu chacun une à l'Exposition de 1827. Le Jury se plaît à reconnaître qu'ils ont continué à la mériter.

MENTIONS.

Le Jury déclare comme étant dignes d'obtenir une médaille d'argent :

1.º M. CHANTELAT-ROUDÈS, pour la pureté du sulfate de quinine qu'il a exposé ;

2.º L'auteur du mastic siliceux-hydrofuge ;

3.º M. CORDES, directeur de la filature de coton de Beautiran, pour les fils de coton qu'il a exposés.

MÉDAILLES DE BRONZE.

1.re *Médaille de bronze*. Décernée à M. BERGEONNEAU, pour les cordes à violon qu'il a exposées.

2.e *Médaille de bronze*. Décernée à M. FAYANT, pour le soufflet à double vent qu'il a exposé.

3.e *Médaille de bronze*. Décernée à M. Leblond, pour la perfection des toiles métalliques qu'il a exposées.

4.e *Médaille de bronze*. Décernée à M. RAVER fils, pour la clarinette et la flûte qu'il a exposées.

RAPPEL.

M. DARRIS est toujours digne de la première médaille de bronze qu'il obtint l'an dernier.

MENTIONS.

1.º MM. BOURDEUX et DUFAU, pour la térébenthine perfectionnée qu'ils fabriquent ;

2.º M. WEELEN, pour les matelas à élastiques en fer qu'il confectionne;

3.º M. BONNORE, de Lesparre, pour les flanelles à deux bleus qu'il fabrique;

4.º M. CASIMIR BALLANDE, pour les papiers qu'il fabrique;

5.º M. DUMOULIN, pour le violon qu'il a construit.

BEAUX-ARTS.

RAPPELS.

M.me FEYTAUD, artiste, dans les divers tableaux qu'elle a exposés, est toujours très-digne de la première médaille d'argent qu'elle obtint à l'Exposition de 1827.

MM. ROGER et BURGADE ont également continué de mériter la médaille d'argent qui leur fut décernée à la même Exposition.

MÉDAILLES D'ARGENT.

1.re *Médaille d'argent*. Décernée à M. COLIN, artiste, pour ses diverses productions.

2.e *Médaille d'argent*. Décernée à M. GINTRAC, artiste, pour sa figure d'expression du petit à la marmotte.

MÉDAILLES DE BRONZE.

1.re *Médaille de bronze*. Décernée à M. VINCENT, artiste, pour une tête d'enfant, miniature sur grande ivoire.

2.e *Médaille de bronze*. Décernée à M. THIBAULT, artiste, pour divers ouvrages qu'il a exposés.

MENTIONS.

Le Jury a reconnu dignes d'une mention honorable :

1.º M.me DAVID, artiste;

2.º M. CONSOLY, artiste;

3.º MM. THIAC fils, VALANCE fils, GÉDÉON-MONTGARVIETTE et DANEL.